W0189689

«Marlene Hellenes Geschichten machen froh, nachdenklich, wütend, solidarisch und euphorisch zugleich. Mehr kann man von einem Buch eigentlich nicht erwarten.» JURAMAMA.DE

«Weil sie so lustig schreibt, könnten Marlene Hellenes Texte leicht als heitere Mama-Anekdötchen aus dem Familienalltag unterschätzt werden. Sie sind aber viel mehr. Ihre Texte sind eine pointierte, schonungslose Kritik an einer Gesellschaft, in der es Gleichberechtigung vielleicht auf dem Papier, aber noch lange nicht in der Realität gibt. Deswegen sollten vor allem Männer Marlene Hellene lesen.» FAMILIENBETRIEB.INFO

«Oft kopiert, nie erreicht. Mit so wenigen Worten solche Punktlandungen zu kreieren – das kann nur sie.» STADTLANDMAMA.DE

Marlene Hellene

ZU GROSS FÜR DIE BABYKLAPPE

Geschichten aus dem Müttergenesungswerk

Rowohlt Taschenbuch Verlag

Originalausgabe
Veröffentlicht im Rowohlt Taschenbuch Verlag,
Hamburg, Juli 2020
Copyright © 2020 by Rowohlt Verlag GmbH, Hamburg
Covergestaltung zero-media.net, München
Coverabbildung und Illustrationen FinePic®, München
Satz aus der Dolly Pro
bei Dörlemann Satz, Lemförde
Druck und Bindung CPI books GmbH, Leck, Germany
ISBN 978-3-499-00337-0

Die Rowohlt Verlage haben sich zu einer nachhaltigen
Buchproduktion verpflichtet. Gemeinsam mit unseren
Partnern und Lieferanten setzen wir uns für eine klima-
neutrale Buchproduktion ein, die den Erwerb von Klimazer-
tifikaten zur Kompensation des CO_2-Ausstoßes einschließt.
www.klimaneutralerverlag.de

INHALT

Einleitung
Zu groß für die Babyklappe 7

Endlich Schulkindmama 15

Auf die Barrikaden! 57

Kalenderkarussell 81

Wenigstens wird es nie langweilig 107

F*** off, Superwoman 135

Blumenkinder 151

Love, love, love 179

Mamalog 201

EINLEITUNG

ZU GROSS FÜR DIE BABYKLAPPE

Eines Morgens wachte ich auf und stellte erschrocken fest, dass meine Kinder keine Babys mehr waren. Ich bemerkte es daran, dass mir etwas sehr Entscheidendes, ja Liebgewonnenes fehlte: Atemluft. Sie wurde mir geraubt – von einer Siebenjährigen und einem Fünfjährigen, die kuscheln wollten. Was bis vor kurzem noch niedlich und entzückend war, führte nun zu Schnappatmung und Hämatomen. Aus federleichten Babys waren scheinbar über Nacht tonnenschwere Kinder geworden. Dabei hatte ich gedacht, dass mit den Jahren (und zunehmendem Gewicht) alles leichter werden würde: kein Brei, keine Windeln, keine durchwachten Nächte, kein Zahnen, kein Schreien, keine Kinderkotze. Ich wäre endlich frei! HAHAHAHAHAHAHAAAAAAAAAAHHHHHHHHHH! Ich armseliger Trottel.

Ernsthaft, Menschen, die behaupten, nach den ersten paar stressigen Babyjahren würde alles einfacher, sollte man strafrechtlich belangen. Wegen unerlaubter Hoffnungmache oder so. Darauf sollte Haft stehen.

Ohne Bewährung. Im Kerker! Es wird bei weitem nicht einfacher. Es wird höchstens anders. Und von diesem «anders» handelt dieses Buch. Die Geburt meiner Kinder liegt schon lange hinter mir, die Brüste haben den Milchjob an den Nagel gehängt, und auf meiner Bluse sind keine Breiflecken mehr zu finden. (Okay, meistens nicht.) Dafür findet man mich jetzt wimmernd in einer Ecke des örtlichen Schreibwarengeschäfts, weil ich auch nach stundenlanger Suche nicht herausfinden konnte, in welchem Regal es den Einband für das Flex-und-Flo-Heft der Größe DIN A12 ¾ gibt.

Ja, so ein angehendes Schulkind stellt einen vor neue Herausforderungen, und eine davon ist die Anschaffungsliste für das erste Schuljahr. Die Einschulung ist mit hohen Anforderungen und Ängsten verbunden – und für das Kind ist es auch nicht einfach. Stichwort Wackelzahnpubertät. Kennen Sie nicht? Kannte ich auch nicht. Bis ich plötzlich eine siebenjährige, türenschlagende Tochter im Hause hatte. Warum sagt einem das keiner? Vor der Empfängnis wäre zum Beispiel ein guter Zeitpunkt gewesen. Man hat außerdem verpasst, mir beizubringen, eine Schultüte zu basteln, in Eltern-WhatsApp-Gruppen diplomatisch zu bleiben und auf Elternabenden nicht Amok zu laufen. Größere (und schwerere) Kinder lassen einen an völlig neue Grenzen des bisherigen Seins stoßen. Hausaufgaben wollen betreut werden – ohne dass es Tote gibt. Haustiere müssen ausgeredet werden. («Wir haben doch schon Vögel. Im Garten.») Schulfeste wollen organisiert und Hobbys koordiniert werden.

Die größte Herausforderung aber ist das Loslassen. Ich war plötzlich gezwungen, den eisernen Griff um gar nicht mehr so kleine Patschehände zu lockern und meine innere Helikoptermum an die Leine zu nehmen. Schulen haben heutzutage aber auch strenge Regeln. Es ist zum Beispiel nicht erlaubt, das Kind mit dem SUV bis ins Klassenzimmer zu fahren. Frechheit! Auch Videoüberwachung auf dem Schulhof ist nicht gern gesehen. Und so muss man sich mit völlig neuen Ängsten auseinandersetzen. Mit Schulängsten 2.0, sozusagen: Plötzlich fürchtet man nicht mehr die eigene Mathematiknote, sondern die des Kindes.

Zum Glück sind zwischendurch Schulferien. Zum Unglück sind es 72 Tage im Jahr. 72 Tage, an denen das Kind betreut werden muss. Von wem auch immer. Man selbst hat leider nur 30 freie Tage. Da kann die Mathematiknote noch so unterirdisch gewesen sein, diese Differenz kann sich jeder ausrechnen, und sie sorgt für schlaflose Nächte. Da ist das Organisationsgeschick eines Topmanagers gefragt, nämlich das der Mutter. Denn meistens ist es die Mutter, die von A wie Arztbesuch bis Z wie Zahnfee alles im Leben des Kindes organisiert. Natürlich stets lächelnd, stets engagiert, stets ökologisch einwandfrei (auch wichtig: plastikfrei), nah am Kind, aber nicht klammernd und dazu perfekt gestylt.

Damit Sie bei diesem Anforderungskatalog nicht völlig durchdrehen müssen, übernehme ich das für Sie. Stolpern Sie mit mir gemeinsam durch das neue Kapitel im Leben Ihres Kindes. Lernen Sie von mir, wie es nicht geht, und vor allem: Lachen Sie mit mir. (Okay, auch über mich.) Denn dass Lachen die beste Medizin gegen den Wahnsinn ist, habe ich ja schon im ersten Buch bewiesen.

ENDLICH
SCHULKINDMAMA

DAS GROSSE SCHULRANZEN-, SCHULTÜTEN- UND SCHULMATERIAL-SCHLAMASSEL

Zwei Schimmel, die eine Kutsche über eine Regenbogenstraße ziehen. Darüber ein riesiges Schloss, umflattert von filigranen Feen – das alles hinterlegt mit leuchtendem Rosa. An den Seiten ist er rot, die aufgenähten Taschen sind orange. Das ist er. So sieht der Schulranzen meiner Tochter aus. Rosa, rot, orange. Regenbögen, Feen, Pferde, Kutsche, Schloss. Na, wie liest sich das für Sie? Schlimm? Angsteinflößend? Brechreizprovozierend? Ich sage Ihnen, wie es ist: Der eigentliche Anblick ist noch schrecklicher. Alleine diese Rot-rosa-orange-Kombination, die sich offenbar ein blinder, besoffener Schimpanse ausgedacht hat, beraubt mich beinahe meines Augenlichts. Die aufgedruckten Motive, die unter Einfluss psychedelischer Pilze entstanden sein müssen (es kann dafür keine andere Erklärung geben), verleihen dem ganzen einen poppigen Achtziger-Jahre-Disco-Look. Und, nein, das soll kein Kompliment sein. Der Schulranzen meiner Tochter ist grottenhässlich, und zwar leider nicht auf diese besondere Weise, dass es schon wieder cool ist. Einfach nur grottenhässlich. Kein Interpretationsspielraum. Meine Tochter sieht das allerdings anders. Sie liebt ihren Schulranzen. Die Farben, die Kutsche, die Pferde – alles. Heiß und innig. Genau der musste es sein, nebst passendem Mäppchen und Turnbeutel. Und weil meiner Tochter die Schulausstattung gefallen soll und nicht mir, habe ich zugestimmt.

Meine Tochter ist bezaubernd, daran ändert auch die Grottenhässlichkeit ihrer Tasche nichts. Natürlich hätte ich es lieber gesehen, sie hätte sich für die dezent anmutende Kombination mit den farblich zurückhaltenden Sternen aus dem hippen Ökoladen entschieden, aber: ihre Schullaufbahn, ihre Wahl. Da redet man nicht rein. Das zukünftige Schulkind entscheidet selbst. Der Haken an der Sache: Im Falle des Schulranzens zahlt die zukünftige Schulkindmama. Also ich. Und bis man als zukünftige Schulkindmama (die mit dem Geldbeutel) gefragt ist, kann es dauern. Ich rede nicht von Stunden, ich rede von Monaten. Schon über ein Jahr vor der Einschulung brach bei meiner Tochter das Schulranzenfieber aus. Wer trägt welchen? Welche Formen sind gerade in? Welche Farben angesagt? Während sie sich mit nichts anderem mehr beschäftigte, war ich zu diesem Zeitpunkt gedanklich, sagen wir mal, noch nicht ganz so tief drin im Thema. Aber das sollte nicht lange so bleiben. Denn nicht nur meine Tochter war schon voll on Schulranzen-fire, nein, auch die meisten zukünftigen Schulkindmamas hatten sich angesteckt. Welches Modell ich kaufen würde und vor allem wo? Ob ich schon Probetragtermine im Fachgeschäft vereinbart hätte? – Moment mal. Probetragtermin? Mir war damals nicht bewusst, dass es so etwas überhaupt gab. Früher gab es blaue, gelbe, rote und grüne Schulranzen. Unifarben. Die waren von Scout oder Amigo, wobei die coolen Kinder einen Scout-Ranzen hatten. Meiner war von Amigo.

Irgendwann hielt ich dem Druck nicht mehr stand. Ich vereinbarte einen Termin im Schulranzenladen. Nein, nicht in irgendeinem. In der SchulranzenWELT! Tausende Schulranzen auf über drei Stockwerken, an jeder Ecke angeknipste Verkäuferinnen und dazwischen zukünftige Schulkinder on fire. So kann man sich einen Samstagmorgen auch versüßen – nicht.

Bevor mein freudig erregtes Kind auf die circa dreitausend Ranzen in allen erdenklichen Farb- und Motivkombinationen losgelassen wurde, musste es zuerst durch den sogenannten Blindtest. Das zukünftige Schulkind soll so daran gehindert werden, den Ranzen ausschließlich nach optischen Kriterien auszuwählen, denn nicht die Optik, der Komfort ist der entscheidende Faktor. Meine Tochter testete sich also zunächst durch eine Reihe von Modellen, die durch Überzüge unkenntlich gemacht worden waren. Und heute, nach einigen schrecklichen Stunden, die ich in der SchulranzenWELT zubringen musste, weiß ich: Schulranzen sind kleine Wunderwerke in Sachen Ergonomie und Tragekomfort. Nicht jedes Kind kann jeden beliebigen Ranzen tragen. Gott, nein! Wichtig ist, dass sich das Gewicht des Ranzens optimal auf den schmalen Schultern des Kindes verteilt. Da fallen Schlagwörter wie: Druckverteilung, Reliefpolsterung und Rückenteilhöhe. Fachverkäufer ziehen DIN-Normen heran, lobpreisen Fadennahtdetails und stellen komplizierte Körpergewichtsberechnungen an, um zuletzt detailliert über Schulranzenpacktipps zu fachsimpeln. Erst wenn das zukünftige Schulkind dieses höchst wissenschaftliche Verfahren durchlaufen hat, erst dann darf es über das Design nachdenken. Irgendwann schaltete ich innerlich ab. Ich ließ die freundliche Fachverkäuferin und die Tochter das regeln.

Nach mehreren (mehreren!) Stunden stand das Modell endlich fest. Es war natürlich das teuerste. Surprise! Jetzt durfte das zukünftige Schulkind über die Optik entscheiden. Der Rest ist Geschichte (Regenbögen, Feen, weiße Pferde, Kutsche, Schloss, Rosa, Rot,

Orange, Albtraum). Nachdem ich stundenlang gewartet hatte, wurde ich zur Kasse komplementiert, und man nannte mir einen exorbitanten Betrag, den ich zu zahlen hätte. Der Ranzen war weder mit Gold durchwirkt, noch waren Diamanten oder 500-Euro-Scheine verarbeitet; da ich aber längst zu der Erkenntnis gelangt war, dass meine Meinung keine Rolle spielte, überreichte ich der freundlich lächelnden Verkäuferin ohne Zögern meine linke Niere. Äh, Quatsch, natürlich ließ ich nur mein gesamtes Vermögen in der SchulranzenWELT, um die Veranstaltung erschöpft und arm wie eine Kirchenmaus zu verlassen. Naiv, wie ich war, dachte ich, ich hätte das Schlimmste hinter mir. Grober Fehler. Wir waren noch lange nicht fertig. Ich sage nur A) Schultüte und B) Schulmaterial.

Kommen wir zu A). Die Schultüte. Ich möchte Sie nicht nerven und mit den Geschichten von Omma von vorm Krieg anfangen, aber FRÜHER ist nun mal die einzige Erfahrungsreferenz, auf die ich mich berufen kann. Und FRÜHER habe ich meine Schultüte noch selbst gebastelt. Im Kindergarten. Mit Fräulein Elisabeth. Aus Pappmaché und Tonpapier. Unkostenbeitrag: zwei Mark. Das war damals super, ist heute aber out. Heute muss Mama die Schultüte basteln. Oder Papa. Oder Oma und Opa. Oder ein bastlerisch begabter Familienhund. Auf jeden Fall selbstgemacht muss sie sein, aber eben nicht vom Kind. Das muss nur damit überrascht werden. Noch angesagter als eine gebastelte ist übrigens eine genähte Schultüte. Die Hülle wird genäht und dann mit Motiven und Namen des Schulanfängers bestickt. Später, also nach der Einschulung, könne man die Stoffhülle mit Watte füllen, wodurch ein phantastisches, individuelles und bedeutungsschwangeres Kissen entstehe – laut Pinterest. Und Instagram. Und Facebook. Und wenn sogar Facebook die genähte Schultüte als die einzig wahre Art preist, seine Mutterliebe zu zeigen, bleibt auch mir nichts anderes übrig: Ich musste nähen und sticken. Kann ich aber leider nicht. Doof, denn ich liebe mein Kind wirklich und möchte es mit meinem Nichtkönnen ungern in Verlegenheit bringen. Reicht doch schon, dass der Ranzen hässlich ist. Eine selbstgenähte Schultüte schied also aus. Weder Papa noch Opa noch Oma waren dazu in der Lage. Ich musste eine Schultüte von einem Dritten machen lassen. Im Austausch gegen Geld. Viel Geld. Sie erinnern sich an den Unkostenbeitrag von zwei Mark für meine eigene Schultüte anno dazumal? Dieser Betrag reichte nicht mal für den Versand.

Tatsächlich wurde die Schultüte sehr hübsch. Nur leider war sie leer. So ein Mist, das hatte ich nicht bedacht. Da Süßigkeiten heutzutage ja nur noch so einen mittelguten Ruf haben, verwarf ich meine erste

Idee, zwanzig Beutel Gummibären zu kaufen und die Tüte damit zu füllen. Ich musste wohl oder übel kreativ werden. Also verbrachte ich Stunden damit, Bücher, besonders hübsche Stifte und sonstigen Kleinkram wie Haarspangen, Aufkleber und Badeschaum zu besorgen. Ernsthaft, Mutter eines zukünftigen Schulkindes zu sein, ist ein Fulltimejob, und dabei hatte ich das Wichtigste noch nicht erledigt: Es fehlte noch B), das Schulmaterial.

An einem der zahlreichen Elternabende, die schon vor Beginn des eigentlichen Schuljahres abgehalten wurden, drückte man mir eine Liste in die Hand. Eine lange Liste. Gesetzt in sehr kleiner Schrift. Auf dieser Liste stand alles, was das Kind für die erste Klasse brauchte. Als ich mir die Liste das erste Mal durchlas, war ich mir nicht sicher, was ich da vor mir hatte. Deutsch konnte es nicht sein, ich verstand nämlich nur Bahnhof, chinesischer Provinzbahnhof. Flex-und-Flo-Hefte, DIN-A-XYZ-Umschläge, Bleistifte Stärke 294749qO, Pinsel Größe F bis Ü, Farbtupfschwämme und dazu bitte die Nummer 58, extra scharf. (Okay, Letzteres stand auf einer anderen Liste.)

Tage nachdem ich aufgebrochen war, um die Liste abzuarbeiten, fand man mich zitternd und in Embryonalstellung zusammengekrümmt in der Schreibwarenabteilung des Kaufhauses wieder. Na ja, nicht wirklich, aber ich fühlte mich so. Weder die eigene Schulzeit noch das abgeschlossene Studium oder mein gesunder Menschenverstand befähigten mich dazu, die Liste ohne Hilfe von eigens dazu ausgebildetem Personal abzuarbeiten. Die Bleistifte zu finden, das schaffte ich noch, gerade so. Ich erstand auch einen Malkasten, doch dann riss meine Glückssträhne ab. Was war mit den Pinseln? Meine verzweifelte Suche führte mich schließlich ins Schreibwarenfachgeschäft meiner Kindheit. Allein der Geruch nach Heften, Radiergummi und den sauren Schlangen, die auf dem Kassentresen für Cent-Beträge angeboten wurden, katapultierte mich dreißig Jahre zurück. Es war herrlich. Es gab sogar noch die gleichen Aufkleber wie damals, und ich war so kurz davor, mir die mit Samtstoff bezogenen Babykatzenaufkleber zu gönnen, die in meiner Schulzeit der größte Schatz eines jeden kindlichen Aufklebersammelalbums und heißbegehrtes Handelsgut waren, als mich eine Stimme jäh aus der Vergangenheit riss: «Haben Sie eine Liste? Brauchen Sie Hilfe?» Ja, ja, halleluja! Ich streckte der lächelnden Schreibwarenfachverkäuferin in stummer Verzweiflung die Liste entgegen, und binnen weniger Minuten hatte dieser DIN-Normen-Engel alles für mich zusammengesucht. Dies ist vielleicht der wertvollste Mütterrat, den ich erteilen kann: Suchen Sie für Schulwaren ein Fachgeschäft auf! Das spart Zeit und Nerven.

Sie müssen nicht wochenlang kurz vorm Nervenzusammenbruch in Einkaufszentren umherhasten. Ihnen kann geholfen werden. Was für ein Glück! Was für ein Segen! Einzelhandel for President.

Zuletzt habe ich es tatsächlich geschafft. Meine Tochter konnte ihren Schulstart mit Schulranzen auf dem Rücken, gefüllter Schultüte im Arm und vollständigem Schulmaterial feiern. Ob mich das einen Haufen Geld, Nerven und Lebenszeit gekostet hat? Aber ja! Ob ich das im kommenden Jahr für meinen Sohn wieder machen werde? Und wie! Immer und immer wieder. Liebe halt. Die macht schon komische Sachen mit einem. Ich erinnere mich vage an eine junge Frau (blond und weiblich), die einmal sagte: «Man bekommt ja so viel zurück», und damit hatte sie verdammt noch mal recht.

DER ERNST DES LEBENS
KANN UNS MAL

Einschulung. Ein-schu-lung. Ein sehr deutsches Wort. So bürokratisch. Ein Lebensabschnittswort. Geburt. Einschulung. Vermählung. Fortpflanzung. Rente. Tod. Jedenfalls sollte meine Tochter diesen bürokratischen Akt nun auch endlich durchlaufen. «Mama, in wie vielen Tagen komme ich in die Schule?» – «189.» – «Wie viele Minuten sind das?»

Viele Menschen sagen, mit der Einschulung beginne der Ernst des Lebens. Schrecklich, oder? Nach gerade einmal sechs kurzen Jahren auf dieser Erde soll der Ernst des Lebens beginnen? Doof! Wer soll denn der Ernst des Lebens eigentlich sein? Ich kenne den gar nicht. Wurde mir nie vorgestellt. Und auch meine Tochter soll sich von diesem ominösen Ernst bitte mal schön fernhalten. Wir sind anständige Leute. Dieser Ernst soll gehen. Meine Meinung!

Völlig ohne Ernst freute sich meine Tochter zum Glück auf die Schule. Es hatte sich also gelohnt,

ihr jahrelang von der wunderschönen Zeit vorzu-
schwärmen, die ihr bevorstand. Und wenn es eines gibt,
womit ich mich auskenne, dann mit der wunderschönen Schulzeit. Schließlich habe ich mir als Teenager
nicht umsonst eine Highschool-Serie nach der anderen angesehen, sodass ich ihr anschaulich von neuen
Freunden, extra aufregenden Abenteuern und wilden
Partys erzählen konnte. Von meiner eigenen Schulzeit
wollte ich lieber schweigen. Aus Gründen.

Der Tag der Einschulung begann früh, sehr früh am
Morgen. Nicht dass er das hätte müssen. Die Aufregung, Sie verstehen? Die Aufregung, verkörpert durch
eine rennende, plappernde, kichernde und kreischende
Sechsjährige, trieb uns alle gegen kurz vor sechs aus
den Betten. Endlich konnte das Outfit angezogen werden, das wir extra für diesen besonderen Anlass gekauft
hatten. Und auch für das einzuschulende Kind fand
sich etwas Hübsches. Nach quälend langer Wartezeit –
«Nein, es geht noch nicht los, wir sind viel zu früh auf-
gestanden, hättest du mal lieber noch etwas geschlafen,
und wo ist eigentlich mein Kaffeefässchen?» – ging
es mit dem ersten Programmpunkt des Tages los: der
Kirche, der katholischen Kirche! Kirchen mag ich ja
am liebsten aus der Ferne. Also, grundsätzlich. Aber
das Kind quengelte, alle gingen dorthin, der Kinder-
garten-Chor werde singen! Also ging ich in die Knie

und in die Kirche. Als ich eintrat, war ich erst mal froh, dass mich kein Blitz in den hübschen heidnischen Popo traf, und suchte mir ein nettes Plätzchen in der Nähe der Tür. Fluchtwege und so. Auf der Kanzel erschienen zwei Herrschaften in Gewändern. Zwei? Aha. Ein ökumenischer Gottesdienst also. Gerade als der Vierjährige mich fragte, wer von den beiden denn nun Gott sei, fing zu meinem Glück der Kinderchor an zu singen und ersparte mir die Antwort auf diese höchst schwierige, wenn auch interessante Frage. Die nächste Stunde verharrte ich in einer Mischung aus Katatonie, Kopfschütteln und der Hoffnung, Whoopi Goldberg möge mit ihren Schwestern die Bühne stürmen und den Laden etwas aufmischen.

Aber auch das längste Vaterunser findet irgendwann zum Amen, und so konnten wir (endlich) zum Höhepunkt der Veranstaltung übergehen: dem Besuch der Schule. Ich hatte aus zuverlässigen Quellen erfahren, dass die Eltern während der sehnlichst erwarteten ersten Schulstunde der ABC-Schützen mit Kaffee und Kuchen versorgt würden, und meine Vorfreude war dementsprechend groß. Leider hatte ich die Rechnung ohne die Veranstalter gemacht. Vor dem Schlemmen kam nämlich die Pflicht. Ich sollte mich mit gefühlt dreitausend anderen Eltern und völlig überdrehten Schulanfängern in die stickige Aula quetschen und den Aufführungen der älteren Grundschüler beiwohnen. Also klatschte ich zu Liedern über das Lesenlernen, machte gute Miene zu einem Theaterstück einiger als Tiere verkleideter Zweitklässler und ließ mich von einer modernen Handpuppen-Darbietung faszinieren, die gleich dreimal zur Aufführung kam. Sollte ich je das Bedürfnis nach sprechenden Socken auf Kinderhänden verspürt haben – es ist es nunmehr erfüllt. Für immer. Für absolut immer!

Endlich betraten drei nett aussehende Damen die Bühne und riefen die Kinder in ihre jeweiligen Klassen. Meine Tochter, die sich aufgrund des subtropischen Klimas in der Aula mittlerweile eines Großteils ihrer Kleidung entledigt hatte, war nun stolzes Mitglied der Klasse 1 c und verschwand mit achtzehn Kindern und einer freundlichen älteren Dame, der ich ohne weiteres all mein Hab und Gut anvertraut hätte, im Klassenzimmer. Während die anderen Eltern noch klatschten, winkten und Fotos machten, rannte ich wie der Blitz zum Kuchenstand. Mit einem Muffin in jeder Backentasche und einem Pott Kaffee in der Hand fühlte ich mich endlich dem Anlass entsprechend feierlich. Meine Tochter war nun also ein Schulkind. Verrückt! Gerade war sie doch erst geboren. Ein hilfloses Bündel, ein klitzekleines Baby, und jetzt lief sie in ihre Klasse. Stolz wie Oskar. Mit Schultüte unterm Arm und Ranzen auf dem Rücken. Selbstbewusst und glücklich. Ging das nicht alles ein bisschen zu schnell? Offensichtlich nicht. Also für sie. Aber für mich? Plötzlich hatte ich den Drang, ihr hinterherzugehen, sie in einen Strampler zu zwängen und in den alten Maxi-Cosi zu quetschen. Ich wollte mein Baby zurück. Wenn sie schon so schnell zu einem Schulkind geworden war, wie viel Zeit blieb mir dann noch, bis sie auf gepackten Koffern säße? Sie könnte praktisch morgen ihr Zuhause verlassen, mich zur Oma machen und gelegentlich eine Postkarte schicken. Wenn überhaupt! Sie könnte nach Australien auswandern, mich vergessen und … MUTTI, JETZT REISS DICH GEFÄLLIGST ZUSAMMEN! Ich kippte noch einen Kaffee – Schnaps hatten sie leider nicht, ich habe gefragt –, der mich aus dem Gedankenkarussell heraus- und zurück in die miefige Realität der Aula holte. Vielleicht war es aber auch der mir wohlbekannte Klang der Schulglocke. Ich murmelte reflexartig – und sehr leise, um mich nicht gleich am ersten Tag als das schwarze Schaf der Elternschaft zu outen – «Schule aus, wir gehen nach Haus, der Lehrer fliegt zum Fenster raus» – und machte mich auf den Weg, mein Tochterkind aus dem Klassenzimmer abzuholen. Und da sah ich sie: Strahlend saß sie in der ersten Reihe (Streberin!), direkt neben ihrer besten Freundin aus Kindergartentagen, und konnte glücklicher überhaupt nicht aussehen.

Was war ich nur für ein Trottel. Nein, dieses tolle, große Mädchen mit seinen vielen Talenten und Eigenheiten war genau richtig so, wie es war. Genau so sollte es sein. Ich brauchte meine Babytochter nicht zurück.

Wenn die Tochter es nicht plötzlich wahnsinnig eilig gehabt hätte, nach Hause zu kommen, ich hätte fast ein paar Tränchen verdrückt. Hatte es ihr etwa doch nicht gefallen? Was war los? Ich wollte doch noch drölfzigtausend Fotos schießen: Schulkind vor Tafel, Schulkind neben der Lehrerin, am Platz, mit Schulranzen, ohne Schulranzen, mit den neuen Klassenkameraden (natürlich mit jedem einzeln), mit Mama, mit Papa, mit Bruder, mit Oma, mit Opa, vor der Schultoilette, auf dem Pausenhof und mit überhaupt jedem und allem. Aber da rannte sie schon Richtung Auto. Besorgt stolperte ich hinterdrein. (Die High Heels, Sie verstehen? Schnaps war ja leider nicht.) «Schneller, Mama. Ich will endlich meine Schultüte auspacken!» Ach, daher wehte der Wind. Wenig später betrachtete sie glücklich die Ausbeute aus ihrer Schultüte und ich glücklich mein großes, kleines Kind.

Jetzt war ich also Schulkindmama. Irgendwie fühlte sich das ja doch richtig cool an, und zum Glück hatte ich ja noch einen Kindergartensohn. Und der würde bestimmt für immer klein bleiben …

HASSAUFGABEN

Einer der besten Momente meines Lebens war der Moment, in dem mir klarwurde, dass ich nie wieder Hausaufgaben machen müsste. (Und ja, mir ist bewusst, dass ich das als Frau sage, die zwei Kinder geboren hat. Trotzdem.) Damals fühlte es sich an, als würde eine Last von dem Gewicht eines Diercke Weltatlas von meinen Schultern abfallen. Was sage ich da? Von meinem Herzen, von meiner Seele. Ich fühlte mich frei, beschwingt. Nie wieder würde ich einen Blick ins Hausaufgabenheft werfen müssen oder – seien wir ehrlich – auf den Schmierzettel im Mäppchen oder den Handrücken. Nie wieder Gedichtinterpretationen, Kurvendiskussion oder Seite 9 bis 28 im Biologiebuch. Nie wieder morgens noch schnell im Bus bei Bettina abschreiben. Nie wieder halbgare Ausreden wie «Der Hund hat die Hausaufgaben gefressen». Freiheit! Gleichheit! Hausaufgabenlosigkeit!

Doch Freiheit ist ein zerbrechliches Gut. Das war schon immer so, auch ich sollte das noch lernen. Just am Tag nach der Einschulung meiner Tochter war es so weit. Es war ein Freitag im September. Die Luft war sommerlich warm, die ersten Blätter verfärbten sich herbstlich rot, und die Vögel zwitscherten, als würden sie die drohende Gefahr nicht wittern. Ich war arglos. Ich hatte dem Feind den Rücken zugewandt, als das Unheil über mich hereinbrach: «Mama, ich habe meine ersten Hausaufgaben auf.» Zack. Da war es, das Wort, das mich einer Pistolenkugel gleich zwischen die Schulterblätter traf: Hausaufgaben. Okay, Marlene, ruhig bleiben. Atme. Es sind ja nicht deine Hausaufgaben. Was soll schon passieren? Langsam drehte ich mich um. Ich durfte nicht zulassen, dass die Panik von mir Besitz ergriff. Zumal das Kind fröhlich guckte und mir stolz einen DIN-A4-großen Zettel hinhielt. «Wochenplan». In der oberen Spalte waren die Unterrichtsaufgaben aufgelistet, in der unteren standen die Hausaufgaben und bis wann sie erledigt werden mussten. Oha, kein Hausaufgabenheft, kein Fresszettel, kein Handrückengekritzel. Die Lehrerin hatte das bestens organisiert. Ich liebe ja organisierte Menschen in meinem Umfeld. Dann muss ich diese Rolle nicht übernehmen.

Die Hausaufgabe an diesem ersten richtigen Schultag bestand darin, ein Bild von der Schultüte zu malen. Das war unkompliziert und machte dem Kind Spaß. Juhu, Hausaufgaben sind super! So konnte es weitergehen. Weiter so, ruhiges Leben! Dachte ich. Kurz. Wenige Tage lang. Bis plötzlich nicht mehr gemalt wurde. Die Kinder sollten schreiben, rechnen und lesen lernen. Grundsätzlich nicht besonders überraschend. Buchstaben und Zahlen wollten geübt werden, und zwar in schierer Endlosigkeit. Das Kind wurde dazu verdonnert, fünfzig Mal die Zahl 1 und den Buchstaben M zu schreiben. Bereits nach fünf Versuchen gelang dem Kind das ziemlich gut. Es wollte aufhören. Es fand, das reiche aus. Die Lehrerin fand das nicht. Ich war meinungslos, hielt es aber für klüger, mich auf die Seite der pädagogischen Fachkraft zu schlagen. Einem Kind klarzumachen, es müsse etwas tun, was es völlig doof und unsinnig findet, und dabei selbst auch nur so semi überzeugt davon zu sein, ist beinahe unmöglich. Dann schon lieber Kurvendiskussion. Da schreit wenigstens keiner. Wobei ...

Die Lehrerin gab mir den Tipp, mich auf keine Diskussion einzulassen und das Kind notfalls in die für Erstklässler (noch) peinliche Situation kommen zu lassen, vor der Klasse zugeben zu müssen, die Hausaufgaben nicht gemacht zu haben. Diese Blöße wollte sich meine Tochter zum Glück nicht geben, also machte sie zukünftig die Hausaufgaben. Alles tutti jetzt? Nun ja. Wenn ich sage, dass sie die Hausaufgaben machte, sollte ich vielleicht noch klarstellen, WIE sie das tat.

Stellen Sie sich eine Schnecke vor, deren Tempomat auf der Geschwindigkeit *slow motion* eingerostet ist. Zudem hat diese Schnecke eine Blase, die ihr alle zwei Minuten einen Toilettengang abnötigt, und einen Magen, der sekündlich nach einem Snack verlangt. Die Schnecke ist müde, durstig, gelangweilt, wütend, quengelig und laut. Und jetzt stellen Sie sich vor, dass die Schnecke eine Mutter hat (nennen wir sie doch Marlene), deren Nervenkostüm nur noch ein löchriger Fetzen ist und die dringend zu einem Termin muss. Welcome to hell!

Kritiker von Hausaufgaben sind ja der Meinung, diese würden den Familienfrieden stören. Das ist natürlich lächerlich. Lächerlich untertrieben. Sie pulverisieren den Familienfrieden, zerbomben ihn, zersetzen ihn in seine Bestandteile. Wobei ich sowieso der Meinung bin, dass das Wort Familienfrieden ein Oxymoron ist. In welcher Familie herrscht denn bitte Frieden?!

Ernsthaft, für mich ist es eine Qual, meiner Tochter bei den Hausaufgaben zuzuschauen. Es macht mich wahnsinnig, dass sie für Aufgaben, die sie in fünf Minuten erledigen könnte, aufgrund ihrer Schneckigkeit über eine Stunde braucht. Klar könnte mir das egal sein, isses aber nicht. Dafür weiß das Schneckchen zu sorgen. In einem fort beklagt es sich. Natürlich bei mir. Sehr, sehr oft bin ich kurz davor, ihr den Bleistift aus den Fingern zu reißen und die Zahlen und Buchstaben schnell selbst aufs Papier zu werfen. Meine Ms und Einsen sind klasse. Und ich bin flink. Ich kann sogar alle anderen Zahlen und Buchstaben. Meist sogar ohne Gemotze und Pinkelpause.

Wobei die Phase, in der man die Hausaufgaben übernehmen könnte, ja nicht mal lange anhält. Sie meinen, bis zur zehnten Klasse dürfte das kein Problem sein? Ha! Dann sagen Sie mir doch mal, wie die Früchte von Buche, Eberesche und Eiche heißen oder woran man die Nadeln der Lerche erkennen kann. Und wie heißen eigentlich die fünf größten Flüsse Deutschlands? Außerdem würde ich gerne wissen, wann Anton in Berlin ankommt, wenn Berta um 13:00 Uhr in Freiburg mit dem Rad losfährt und Casper gerne Würstchen isst. Wissen Sie nicht? Können Sie nicht? Verstehen Sie nicht? Willkommen in meinem Leben. Ganze WhatsApp-Gruppen bestehen nur aus Hilferufen verzweifelter Eltern, die die Hausaufgaben ihrer Kinder nicht verstehen. Da zerbricht sich der Gehirnchirurg Dr. Peter Petermann den Kopf über Groß- und Kleinschreibung, und die Börsenanalystin Frau Dr. Dr. Özlem Schmidt verzweifelt an Fragen zur Dauer von Tierschwangerschaften und daran, ob Salamanderbabys die Augen nach dem Schlüpfen geöffnet oder geschlossen haben. Abgesehen vom Schreiben, Lesen und einfachen Rechenaufgaben (etwa bis zur zweiten Klasse) ist der

Grundschullehrstoff auch für einen durchschnittlich gebildeten Erwachsenen eine Herausforderung. Ich persönlich kann ja nicht mal Blockflöte spielen, und dabei ist das Fundament einer jeden Grundschule aus Blockflöten gebaut und aus (Triggerwarnung: Bei betroffenen Eltern kann alleine das Lesen dieses Wortes Atembeschwerden und Herzrhythmusstörungen auslösen) Herbarien.

Mal ganz abgesehen davon, dass mich die Hausaufgaben in den Wahnsinn treiben, ist es ein seltsames Gefühl, wenn das eigene klitzekleine, sechsjährige Kind mit gebeugtem Rücken über Schreibschriftübungsheften und Sachkundebüchern sitzt. Ich empfinde eine ganz komische Mischung aus Stolz, Mitleid und «Hilfe, mein Baby wird groß und zieht bald aus». Aber vielleicht sollte ich es positiv sehen. Das Kind lernt. Wissen ist bekanntermaßen der Schlüssel zur Welt. Und das ist es ja, was ich mir für meine Kinder wünsche: dass ihnen die Welt offensteht, dass sie lernen, entdecken, reisen – selbstverständlich ausschließlich mit mir zusammen.

Wenn es ganz schlimm wird, kann ich ja immer noch einen Hund kaufen. Der frisst die Hassaufgaben dann einfach auf.

SCHLAGANFALL AUF ZELLULOID

Bei der Berufsberatung: «Guten Tag. Ich hasse Kinder und liebe die einzigartige Ästhetik der frühen achtziger Jahre. Welchen Job würden Sie mir empfehlen?»

«Da habe ich genau das Richtige für Sie. Werden Sie doch Schulfotograf!»

So oder so ähnlich muss es sich tagtäglich in Berufsberatungsstellen in ganz Deutschland zutragen.

Aber fangen wir am Anfang an: Meine Tochter war erst seit wenigen Tagen ein stolzes Schulkind, als sie mir einen Zettel überreichte. Aha, der Schulfotograf würde vorbeikommen. Ob das Kind abgelichtet werden solle? Nun ja, ich kannte dieses Trauerspiel schon aus der Kindergartenzeit. Inzwischen waren wir stolze Besitzer sehr, äh, interessanter Fotografien der Kinder in jedem Lebensalter von eins bis sechs. Aber neues Spiel, neues Glück. *Schul*fotografen spielten bestimmt in einer ganz anderen Liga als ihre Kindergartenkollegen, und so ein Klassenfoto ist ja auch eine Erinnerung fürs Leben ... Ich naives Mäuschen!

Spätestens als ich einige Wochen darauf morgens das Schulgebäude betrat und mir Siebenjährige in Anzug und Fliege oder Ballkleid und Krönchen entgegenkamen, fiel er mir dann auch wieder ein, der Zettel von vor drei Wochen: Der Schulfotograf is in da house! Ein schneller Blick am Kind runter brachte wenigstens insoweit Erleichterung, als es die Schlafanzughose gegen eine Jeans getauscht hatte und, na ja, so ein Schlafanzugoberteil geht bisweilen auch als Shirt durch. Jetzt musste ich die Sache nur noch dem Kind näherbringen:

«Der Schulfotograf ist heute da und macht tolle Fotos von dir. Ist das nicht super?»

«Nein. Ich will nicht. Da muss ich stillsitzen und lächeln. Ich hasse lächeln.»

«Dann lächle halt nicht.»

«Gut, dann strecke ich die Zunge raus.»

«Das fände ich jetzt nur so mittelgut.»

«ICH MACH ABER, WAS ICH WILL. BLÖDER, BLÖDER, BLÖDER FOTOGRAF!» (Hier bitte mental Weltkriegsgeräusche einfügen.)

Ja, ja, so ein Besuch des Schulfotografen sorgt für einen entspannten Morgen – nicht. Nach der Schule sah die Sache dann schon ganz anders aus:

«Und, wie war es in der Schule? War der, dessen Name nicht genannt werden darf, da?»

«Jaaa. Ich musste ‹Ameisenscheiße› sagen. Ameisenscheiße, Ameisenscheiße, Ameisenscheiße. Ich liebe den Schulfotografen! Der soll jeden Tag kommen. AMEISENSCHEISSE!»

Nachdem der Tag mit Schulfotograf also doch noch erfolgreich und mit einem neuen Lieblingswort endete, geriet das Thema – zuträglich für unser aller Seelenheil – schnell wieder in Vergessenheit. Der Alltag plätscherte so vor sich hin, alles wirkte friedlich, sodass das aufziehende Unheil unbemerkt blieb. Erst mal. Bis plötzlich diese Mappe im Schulranzen steckte. Die Mappe des Grauens. Die Mappe der Wahrheit. Die Mappe mit den Fotos.

Es ist eine naive, eine unschuldige Freude, der man als Mutter für einen kurzen Moment aufsitzt. Die ersten Fotos des Schulkindes sind da. Juhuuu! Doch die Freude nimmt ein jähes Ende, sobald man die Mappe aufschlägt: «Kind, hast du dich in deinen Schulranzen übergeben? Was sind das für Flecken auf den Bildern?» Nein, ach! Das ist nur der Hintergrund, den der Fotograf in Form einer Leinwand hinter mein Kind gestellt hat. Jeder kennt ihn, diesen Hintergrund. Schon anno dazumal zierte er landauf, landab Schulfotografien. Er ist grünlich grau mit wolkenartigen Flecken und sieht in etwa aus wie eine Mischung aus schimmliger Mandarine mit ein bisschen Döner von letzter Nacht.

Auf dem Boden eines Eimers. Ich meine, ernsthaft, warum? Kann man die Kinder nicht einfach auf dem Schulhof vor einem Baum fotografieren? Oder vor der Tafel? Selbst der Schulbus mit der aufgeklebten Werbung für die örtliche Kreissparkasse würde einen hübscheren Hintergrund abgeben.

Wenn man sich irgendwann an dem Hintergrund sattgesehen hat, folgt der nächste Schock: Was macht eigentlich dieses irre dreinblickende Kind vor der Schimmelwand? Ach so. Das ist das eigene. Aber warum schaut es so? Hat es eine Gesichtslähmung? Warum ruft denn von der Schule keiner an, wenn das Kind eine Gesichtslähmung hat? Hatte denn niemand den Schlaganfall-Erstanzeichen-Test vorgenommen?

«Kind, was war da mit dir los, als der Fotograf in der Schule war? Hattest du Schmerzen? War dir übel?»

«Da lächle ich.»

«Und was ist mit deiner Hand los? Warum hältst du die so eigenartig hoch? Hattest du einen Krampf?»

«Ich winke. Das hat der Fotograf gesagt.»

Auch das Klassenfoto ist optisch eher, sagen wir mal … schwierig: Drei Kinder popeln, fünf sehen aus, als müssten sie dringend mal wohin verschwinden, und der Rest «lächelt» so verkrampft, dass man befürchtet, sie könnten Spätfolgen davontragen. Am liebsten hätte ich die Fotos im Sondermüll entsorgt, mir die Erstklässler geschnappt, sie auf eine Wiese gesetzt und selbst ein Klassenfoto gemacht. Aber dann wäre ich wahrscheinlich ins Gefängnis gekommen, weil mich der Rest der Elternschaft verklagt hätte. Nicht wegen Entführung Minderjähriger, nein, nein, sondern wegen des Verstoßes gegen die Datenschutzgrundverordnung.

Zuletzt entschied ich mich dennoch für den Kauf einiger Bilder. Weil Erinnerungen wichtig sind. Selbst dann, wenn es sehr eigentümliche Erinnerungen sind. So eine Fotomappe enthält unzählige Bildvarianten: Kind vor Kotzfleckenwand in Farbig, Kind vor Kotzfleckenwand in Schwarz-Weiß, als Postkarte, als Passbild, zum Aufkleben, als Schlüsselanhänger, mit Passepartout, in Groß, in Klein, in Rund und in Eckig. Alle Fotos zusammen kosten dann nur preiswerte 55,80 Euro, und sollte man entgegen dem lautstarken Protest des Kindes der Meinung sein, ein Porträt und ein Klassenfoto genügten, dann wird's knifflig. So ganz eigenständig entscheiden, was man möchte, das kann man nämlich nicht. Das wäre ja noch schöner. Nein, der Fotograf gibt drei verschiedene Pakete vor. Alle Bilder für die preiswerten 55,80 Euro oder eine günstige Variante, deren Beschreibung so komplex ist, dass man aus ihr nicht schlau wird, oder eine andere günstige Variante, aus deren Beschreibung man ebenfalls nicht schlau wird. Eine Stunde, viele Flüche («Welches ist denn jetzt das

9,3453-auf-18,38595-formatige-mit-Lichteinfall-von-oben-links-Kackbild?») und drei Schnäpse später legt man dann entnervt 55,80 Euro in den vorgesehenen Umschlag und schwört, dass das Kind beim nächsten Fototermin von irgendeiner ominösen Krankheit befallen sein wird.

Warum man es letztlich doch jedes Jahr wieder aufs Neue mitmacht? Wohl einerseits, weil das Gehirn über einen erstaunlichen Verdrängungsmechanismus bezüglich traumatischer Erlebnisse verfügt. (Nun ja, eigentlich vergisst man einfach jedes Jahr aufs Neue, dass der Schulfotograf kommt. Hat man das Schulgebäude dann betreten, kann man ihm nicht mehr entkommen. Die schließen die Türen ab. Echt!) Andererseits, weil man dem Kind den Lachanfall gönnt, wenn es die Bilder im Erwachsenenalter auf dem Speicher findet.

Ich zum Beispiel kann den hiesigen Apotheker bis heute nicht anschauen, ohne sein «Ich muss Kacka»-Gesicht auf unserem Klassenfoto von 1988 vor Augen zu haben. Alleine für diesen Spaß lohnt es sich dann doch.

DIE HÖLLE,
DAS SIND DIE ANDEREN

(Jean-Paul Sartre)

Kluge Gelehrte haben sich den Kopf über den Satz da oben im Titel zerbrochen, Abhandlungen verfasst, Vorträge gehalten. Dabei ist alles bisher Geschriebene reiner Mumpitz, denn eine äußerst knappe Internetrecherche meinerseits ergab, dass Sartre Vater war. Es ist doch nur allzu verständlich, dass der gute Mann bei all dem Stress – zwischen Hassaufgaben betreuen, Kind zum Flötenunterricht fahren und Abendessen kochen – ein Wort vergessen hat: Eltern. Die Hölle, das sind die anderen *Eltern*. So lautet der Satz eigentlich. Das kann gar nicht anders sein. Vertrauen Sie mir.

Wenn man ein Kind (oder auch zwei, drei, zehn Kinder) hat und nicht gerade in einer abgelegenen Waldhütte in Alaska wohnt, kommt man über kurz oder lang nicht darum herum, andere Eltern zu treffen. Sei es in Krabbelgruppen, der Kita, auf dem Spielplatz oder in der Nachbarschaft. Als junge Mutter war ich noch sehr erpicht darauf, diese anderen Eltern zu treffen. Ich sehnte mich nach Austausch und Verständnis. Zumal Elternschaft am Anfang immer ein fremdes Terrain ist, ein Dschungel ohne Tageslicht, ein Irrgarten ohne Ausgang. Klar, auf eine andere Art auch ein wunderschönes Terrain, ein bezaubernder Dschungel und ein phantastischer Irrgarten, aber eben fremd, anstrengend und mit vielen Fragen verbunden, ja, bisweilen sogar ziemlich gruselig. Natürlich sehnt man sich in einer solchen Situation nach Leidensgenossen. Anfangs. Die ersten seltsamen Krabbelgruppen- und Spielplatzerlebnisse tat ich ja noch ab. Möglicherweise war ich an die äußerst seltene Art Eltern geraten, mit der es einfach nicht passte. Ich blieb enthusiastisch, und als mir die Erzieherin meines frischgebackenen Kita-Kindes einen verheißungsvollen Zettel in die Hand drückte, witterte ich Morgenluft: Es war die Ankündigung eines Elternabends. Meine Chance. Nie wieder würde ich so viele Eltern auf einem Haufen treffen. Neue Freunde! Endlich! Nach dem offiziellen Teil sollte es sogar ein gemütliches Beisammensein geben. Juhuuuu! Meine Euphorie erreichte neue Höhen. Vor meinem inneren Auge sah ich die Klassenpartys aus meiner Jugend, sah mich kichernd und Chips essend mit meiner neuen Clique am Rande der Turnhalle stehen und verliebten Pärchen beim Stehblues zuschauen. Ja, eventuell war ich ein bisschen aufgeregt, und ja, eventuell ging meine Phantasie mit mir durch, aber gönnen Sie mir meine unschuldige Freude. Sie sollte nicht lange währen.

Als inhaltlich zutreffend erwies sich dann Folgendes: Es gab eine Menge anderer Eltern. Auch korrekt war: Die Veranstaltung fand in einer Turnhalle statt. So weit, so gut. Als von meiner Vorstellung abweichend erwiesen sich die klitzekleinen Stühle, auf denen normalerweise Kindergartenkinder ihre Popos platzierten. Zum Glück war ich ein kleines Persönchen, es würde sich also schon ausgehen. Ich tätschelte dem 2,05 Meter großen Vater neben mir mitleidig den Arm und hielt ihm die Chips-Tüte hin, doch der schaute nur irritiert aus der Übergrößen-Wäsche und lehnte ab. Wollte er etwa nicht mein Freund sein? Ich beschloss, mich nicht unterkriegen zu lassen. Bestimmt litt der Riese nur unter Schmerzen. Sein Körper sah auf dem Zwergenstuhl merkwürdig verrenkt aus. So redete ich mir gut zu: Wenn er wieder in der Senkrechten wäre, würde er sich für meine Fürsorge bedanken.

Aber zuerst stellte sich das Personal vor. Ein jeder nannte seinen Namen und seine Funktion. So weit, so lahm – bis die Musiklehrerin die Bühne betrat. Ob wir Lust auf eine kleine Vorführung hätten? Aber hallo! Natürlich hatte ich Lust. Ohne die Antwort abzuwarten, holte die Dame ihre Bongotrommeln hervor und legte los. Es wurde getrommelt, es wurde gesungen und das alles mit einem so wilden Körpereinsatz, dass selbst Zweijährige auf Zucker nicht hinterhergekommen wären. Der ganze Auftritt war so absurd, dass ich den Raum unauffällig nach versteckten Kameras absuchte. Meinte die das ernst? Die verarschte uns doch! Die Musiklehrerin hatte sich in eine singende und trommelnde Verrückte verwandelt. Brodelnd kündigte sich ein Lachen in meiner Brust an, ich war kurz davor loszuprusten, als ich bemerkte, dass die anderen Eltern völlig gelassen (und auch ein bisschen verrenkt) auf ihren Babystühlen saßen. Da zuckte kein Mundwinkel, da lief keine Lachträne. Mehr noch: Einige Eltern klatschten ... VÖLLIG UNIRONISCH! Als wäre ich in Hape Kerkelings Hurz-Aufführung gelandet. «EIN LAMM! EIN WOLF! HURZ!» War ich die Einzige, die kurz vor einem hysterischen Lachkrampf stand? Alle anderen verhielten sich merkwürdig ruhig. Fast wie richtige Erwachsene. Was für eine Enttäuschung! Ich sammelte meine letzten, kläglichen Reste Selbstbeherrschung, schluckte mein Lachen herunter und konzentrierte all mein Hoffen auf die After-Work-Party. Bevor der Spaß beginnen konnte, wurde es noch einmal ernst. Zeit für die Wahl der Elternvertreter. Aha, so etwas gab es also auch. Die Kindergartenleiterin forderte die Eltern auf, sich zur Wahl zu stellen. Ich hielt mich dezent zurück.

Offenbar nicht dezent genug. Hatte ich da meinen Namen gehört? Ob ich nicht ein Amt übernehmen wolle. Ich war noch jung. Ich war naiv und unerfahren. Ich war noch neu im Elternbusiness. Ich wusste nicht, dass es sich um einen Trick handelte. Was ich denn da machen müsste, wollte ich wissen. (Sie sehen mich milde auf mein jüngeres Ich herablächeln.) Und jetzt begegnete mir die größte Lüge im Elternbusiness, ganz nach der Art «Rezepte, die jedem Kind schmecken»: «Nichts! Sie müssen da praktisch nichts tun. Das ist nur ein Pro-forma-Amt.» Bevor ich mir dazu weitere Gedanken machen oder gar Nachfragen stellen konnte, war es beschlossene Sache: Ich war neue Elternsprecherin der Grünen Gruppe. Im «Praktisch-nichts-Tun» war ich phantastisch, das würde schon werden. Dachte ich. Damals, da endlich der lockere Teil des Abends anfangen sollte: die After-Work-Party. Doch kaum hatte ich die ersten Annäherungsversuche unternommen – «Hallo, ich heiße Marlene, und du?» – «Frau Müller» –, waren auch schon alle wieder auf dem Weg nach Hause und die Party vorbei, ehe sie überhaupt angefangen hatte. Da stand ich nun alleine mit meiner Chips-Tüte und einem Schluchzen in der Kehle. So hatte ich mir das nicht vorgestellt.

Doch die nächste Gelegenheit für ein Treffen mit den anderen Eltern sollte sich dann schneller ergeben, als mir lieb war. Wenige Tage nach dem Kita-Reinfall flatterte eine Einladung zum abendlichen Treffen der Elternvertreter in mein Postfach. «Praktisch nichts tun» sieht für mich ja anders aus. Ich war schon leicht genervt (abends schlafe ich, da kann ich echt wenige Ausnahmen machen), dabei war mir noch längst nicht klar, was mich erwartete. Lassen Sie mich nur so viel sagen: Dass es möglich ist, drei Stunden lang über die Auswahl der Getränke und Speisen für ein Kindergartensommerfest zu diskutieren, war mir bis zu jenem Abend nicht bewusst. Gegen Ende der Veranstaltung hatte ich Phantasien über Grillwürstchen aus Elternfleisch – leider sind die weder bio noch vegan und wären daher für Frau Meier-Berendsen aus der Gelben Gruppe nicht in Frage gekommen. Zum großen Glück aller Beteiligten wurde ich statt in die Liste mit den herzhaften Speisen in die für Backen und Kuchenverkauf eingetragen. Falls Sie es noch nicht wussten: Es ist einer der deprimierendsten und absurdesten Aspekte der Elternschaft, Kuchen zu backen, diesen dann aber nicht selbst essen zu dürfen, sondern für viel Geld erst auf einem Fest zurückkaufen zu müssen. Dieser Passierschein-A38-Vorgang sollte mir ab jetzt regelmäßig die Tränen in die Augen treiben.

Die Elternvertretersache stellte sich als Betrug auf ganzer Linie heraus: Ständig wollte jemand meinen

Kuchen oder meinen Rat. Mir völlig fremde Eltern – die Chips- und Stehbluesfreundschaft hatte ich längst abgehakt – beklagten sich bei mir, dass der Hans immer den Franz beißen würde und dass ich als Elternvertreterin da jetzt mal gegen vorgehen sollte. Was erwarteten diese Menschen von mir? Geld aus der Kasse für Maulkörbe? Sollte ich den Ringrichter im Zweikampf geben oder ein meditatives Klangschalengespräch mit Beißer und Gebissenem führen? Dieses «Praktisch-nichts-Tun» hatte ich mir nichtiger vorgestellt. Das Fatale war: Es sollte nicht besser, sondern nur schlimmer werden. In den kommenden Jahren würde ich meine wohlverdienten Wochenenden noch oft mit dem Verkauf von Kuchen oder dem Ausschank von Früchtepunsch verbringen. (Alkoholfrei. Versteht sich.) Die erhoffte Kicherei und die Pärchenbildung blieben aus. Dafür hörte ich gefühlt in Dauerschleife «Ich geh mit meiner Laterne», «O Tannenbaum» und «Stups, der kleine Osterhase». Heerscharen von singenden Kindern nebst den dazugehörigen Erzeugern lösen bei mir mittlerweile Atemnot aus. Und Übelkeit. Vor allem in den Ohren. Wenn ich nur von weitem einen Einladungszettel zu irgendeiner Veranstaltung an der Garderobe der Kinder hängen sehe, fängt mein Trommelfell sofort an, heftig aufzustoßen.

Leider sollte sich auch nach der Einschulung meiner

Erstgeborenen kaum etwas an der Situation ändern. Der erste Elternabend in der Schule fand pünktlich und ganze sechs Monate vor Beginn des ersten Schuljahres statt. Und, ja, genau so habe ich auch geguckt: SECHS MONATE VOR BEGINN!? Natürlich abends, zur besten Vor-dem-Fernseher-einschlaf-Zeit. Unwesentlich größere Stühle, unwesentlich andere Frau Müllers und unwesentlich andere Themen. Nur ich war klüger. Immerhin. Sobald das Thema sich Richtung Elternvertreterwahl bewegte, stellte ich komplett auf Hautatmung um. Bloß nicht bewegen. Bloß keine Geräusche. Nichts wies darauf hin, dass ich lebte. Kein Räuspern, kein Schlucken, kein Blinzeln. Völliges Erstarren war die einzig sinnvolle Exit-Strategie. Während ich innerlich höchst konzentriert war, wirkte ich äußerlich wie tot. Und das war auch nötig. Denn spätestens, wenn die Kinder eingeschult werden, haben alle Eltern den Praktisch-nichts-Trick durchschaut. Niemand, wirklich niemand meldet sich freiwillig für ein Amt. Zum Glück ist auch wirklich niemand so gut im Totstellen wie ich, und der Erste, der auch nur im Ansatz blinzelt, fällt mir zum Opfer: «Herzlichen Glückwunsch, Sie haben die Wahl gewonnen. Vielen Dank für Ihre Bereitschaft, dieses verantwortungsbeladene und wichtige Amt zu übernehmen. Applaus für Frau Müller!» Aus dieser geschickt gestellten Falle kommt keiner mehr raus, und schon hat die Klasse 1 c eine frischgebackene, minimal überrumpelte Elternvertreterin.

Ganz ungeschoren kam ich natürlich nicht davon. Wenige Tage nach diesem Winkelzug erhielt ich folgende Nachricht: «Frau Müller hat Sie zur WhatsApp-Gruppe der Klasse 1 c hinzugefügt.»

Ich sollte also eine neue Ausgeburt der Hölle kennenlernen: die-Eltern-WhatsApp-Gruppe. Eine Kommunikationsform, die sich der Teufel höchstpersönlich ausgedacht haben muss. Im Nanosekundentakt erschienen ab jetzt Nachrichten auf meinem Handy. (Es piepte so häufig, dass mein Mann argwöhnte, ich hätte Tinder installiert.)

«Hallo.»

«Hallo.»

«Danke fürs Hinzufügen.»

«Grüße auch von meiner Katze Muschi.» (Es folgten Bild 1–56.)

«AWWWW. Süß! Wir haben ja Goldfische.» (Es folgten Bild 1–87.)

«Hallo. Kennt ihr schon das lustige Video mit dem Hund und der Pizza?» (238 GB)

«Wer backt Kuchen für das nächste Klassenfest?»

«Ich.»

«Ich.»

«Ich.»

«Hier Bilder von unserem Hamster, wie er Kuchen isst ...» (Es folgten Bild 1–120.)

Jaha, da waren sie plötzlich alle gesprächiger als dreizehnjährige Teenager bei einer Übernachtungsparty. Die Frau Müllers und Herr Schmidts samt Muschi und Goldfisch Karl-Friedrich. Obwohl die Damen und Herren auf den After-Elternabend-Partys nie den Mund aufbekamen, wurde online fröhlich geschnattert und gescherzt. Keine Frage, ich mag Hunde-Videos und Otter-Memes. Ich bin die Erste, die bei so was lacht, und die Letzte, die wieder aufhört. Aber: Dreißig einander nahezu fremde Erwachsene, die sich abends gute Nacht und morgens guten Morgen wünschen, nur weil ihre Kinder zusammen die Schulbank drücken, befremden mich dann doch.

Leider kann man eine WhatsApp-Gruppe nicht verlassen, ohne sich selbst zum Abschaum der Eltern-Gesellschaft zu degradieren. Eher wird einem ein Knastaufenthalt verziehen als der Austritt aus einer Eltern-WhatsApp-Gruppe. Und dass mein Kind auf dem Schulhof als die Tochter einer Abtrünnigen gehänselt würde, das wollte ich lieber vermeiden. Es blieb mir nur eines: Gruppe stumm schalten. Nicht für acht Stunden. Nicht für eine Woche. Für immer.

Wenn der Teufel die Gruppenfunktion erdacht hat, ist die Stummschaltfunktion ein Geschenk Gottes. Bis heute werde ich in solche Gruppen aufgenommen: Fußballverein-WhatsApp-Gruppen, Kindergeburtstags-WhatsApp-Gruppen, Emils-Schwesterchen-ist-da-WhatsApp-Gruppen, Reit-WhatsApp-Gruppen, Flohmarkt-WhatsApp-Gruppen. (Hallo. Hallo. Hallo. Hier ein Witz. Hier mein Haus. Mein Pferd. Mein Boot. Katzenvideo. Katzenvideo. Katzenvideo. Gute Nacht.) Das Einzige, was mein Seelenheil bewahrt: die Stummschaltfunktion. Machen Sie das auch. Ernsthaft. Der Mensch ist nicht für WhatsApp-Gruppen geschaffen. Das wird irgendwann böse enden. Ich gehe fest davon aus, dass in Kürze ein neuer Paragraph im Strafgesetzbuch stehen wird, der sich explizit mit dieser Thematik befasst. Vor diesem Missstand darf die Bundesregierung wahrlich nicht länger die Augen verschließen.

Mittlerweile kann ich mich übrigens glücklich schätzen, eine Handvoll anderer Eltern gefunden zu haben, die sich die Chips mit mir teilen und ebenso knallrot anlaufen, wenn sie auf Elternabenden von einem unterdrückten Lachkrampf geschüttelt werden. Das sind die Diamanten unter den anderen Eltern. Die mitleiden, mitlachen, das Kind im Notfall nach der Schule einladen und Sekt zum Elternabend mitbringen. Schaffen Sie sich unbedingt ein paar humorvolle und tatkräftige andere Eltern an, die Sie ans Schulfest-Kuchenbacken erinnern oder Ihnen die Hausaufgaben der Kinder erklären. Denn gemeinsam kommt man besser zurecht im Kampf mit den Tücken des Elterndaseins. Ganz vielleicht hatte Sartre ja doch nur teilweise recht, als er schrieb: «Die Hölle, das sind die anderen». Denn die Hölle, das wäre für mich, ganz allein da durchzumüssen.

AUF DIE BARRIKADEN!

WUT IST MEIN YOGA

Kennen Sie den Film *Falling Down?* Michael Douglas spielt darin William Foster, und der ist wütend. Sehr wütend. In einem Fast-Food-Restaurant möchte er ein Frühstück bestellen. Da die Frühstückszeit aber seit wenigen Minuten vorbei ist und nun ausnahmslos die Mittagskarte gilt, zwingt er den Filialleiter mit vorgehaltener Maschinenpistole dazu, ihn zu bedienen. Als man ihn an einer (in seinen Augen) überflüssigen Straßenbaustelle nicht durchlassen will, jagt Foster selbige Baustelle kurzerhand mit einem handlichen M72er-Raketenwerfer in die Luft. Und so geht es munter weiter.

Natürlich ist Gewalt bäh, und Waffen sind doppelt bäh, und Wehtun ist super duper bäh. Nicht-zu-tolerieren-bäh. Aber diese Wut, die kenne ich. Und ich habe keine Lust mehr, sie zu verstecken.

Ja, ich bin wütend. Ich bin wütend auf meinen Mann, auf die Kinder, auf Kollegen, auf Freunde, auf Fremde, auf das Wetter, auf mein Auto, auf einen abgebrochenen Bleistift und oft auch auf mich selbst. Aber ich erlaube mir diese Wut nicht. Weil ich als Mutter und Ehefrau und Kollegin immer freundlich zu sein habe. Ich erwarte von mir, nachsichtig zu sein, zu lächeln, oder wahlweise auch nachsichtig zu lächeln. Weil sich das so gehört. Weil ich sonst eine Zicke bin oder hysterisch oder vielleicht sogar durchgeknallt. Und genau das macht mich schon wieder wütend.

Unseren Kindern gestehen wir Wut zu. In wissenschaftlichen Abhandlungen erklären Experten, wie wichtig Wut für die Entwicklung der Kleinen ist, dass wir ihnen beistehen, sie durch die Wut begleiten müssen. Der Grund für ihre Wut spielt dabei offenbar keine Rolle. Kinder sind wütend, weil sie nicht nur mit Badehose bekleidet einen Schneemann bauen, Spaghetti nicht mit Nutella essen oder den Hamster anmalen dürfen. Diese Wut müssen wir ernst nehmen, wird uns Müttern beigebracht. Wir müssen Geduld haben und dem kleinen Wutigel in ihrem Bauch mit Liebe und Verständnis begegnen. Auch und besonders, wenn das der drölfzigste Anfall dieser Art innerhalb von drei Stunden ist.

Auch meinem Partner, meinen Kollegen und Freunden gestehe ich zu, wütend zu sein. Ich höre ihnen zu, zeige mich empathisch und heitere auf. Aber was ist eigentlich mit meiner Wut? Tja, die schlucke ich runter. Auch wenn sie bitter schmeckt und mich innerlich vergiftet. Warum? Weil ich souverän wirken möchte und freundlich. Professionell und erwachsen. Nett und lieb. Weil ich niemanden erschrecken oder gegen mich aufbringen möchte, vielleicht auch, weil ich mich nicht vor mir selbst erschrecken möchte. Weil ich ein verdammter Harmoniesucht-Trottel bin.

Aber damit ist jetzt Schluss. Ich lasse mich nicht weiter vergiften. Erst recht nicht von meinen eigenen Gefühlen. Was rausmuss, muss raus! Wer mich wütend nicht mag, hat mich gut gelaunt nicht verdient. Auch Kinder müssen lernen, dass Mama mal wütend ist. Weil Mama nämlich kein Roboter ist. Nein, auch keine Putzfee, keine persönliche Köchin und keine Chauffeurin. Mama hat die Schnauze voll! Und nicht nur Mama. Auch die Ehefrau, die ich bin, wird ab jetzt mal laut und verlangt nach Wertschätzung und Engagement. Und wenn die Kollegen doof sind, werde ich eben auch mal doof sein. Stichwort Seelenhygiene. Ab und an eine Portion Wut rauslassen ist ab jetzt meine Wellness. Qigong, Wandern und Meditation können mir gestohlen bleiben. Ich lass den Wutigel steppen. Das entspannt ungemein. Es muss ja nicht gleich so ausarten wie in *Falling Down*. Also echt nicht. Lassen Sie das Maschinengewehr im Schrank. Aber wütend sein ist okay und macht Sie nicht zu einem schlechten Menschen. Erlauben Sie sich Ihre Wut!

Ach übrigens, so ein richtig schöner Wutanfall verbraucht mindestens 500 Kalorien (wissenschaftlich nicht bestätigt), die mit Kuchen umgehend wieder aufgefüllt werden müssen, und wenn DAS kein Argument ist, dann weiß ich auch nicht mehr.

GOOD BOY

Ich heiße Marlene, und ich bin Feministin. Das ist für Sie vielleicht nicht sonderlich überraschend, für mich aber schon. Ich habe mir nämlich die längste Zeit meines Lebens keinerlei Gedanken über Feminismus gemacht. Weil ich es mir erlauben konnte. Weil ich privilegiert war. Ich durfte, konnte und tat alles, was Männer auch taten. Bis ich Mutter wurde.

Meine Tochter war zarte drei Wochen alt, da musste sie wegen eines Blutschwämmchens am Rücken zum Dermatologen. Mein Mann, ihr Vater, nahm diesen Termin mit ihr wahr. Ein grober Fehler. Zumindest in den Augen der Arzthelferin. Wo denn die Mama sei, fragte die Dame meinen Mann völlig fassungslos. So ein kleines Baby könne man doch noch nicht alleine lassen. Was, wenn es Hunger bekäme?

Mein Mann reagierte vorbildlich. Er wurde wütend. Und er blieb wütend, als er zu Hause war und das Kind wieder in meinen Armen lag. Er konnte nicht fassen, dass er als Vater für völlig inkompetent und fehlbesetzt gehalten wurde. Ich war nicht wütend. Leider. Das wäre einfacher gewesen. Ich war traurig, verletzt, ja sogar beschämt. Ich war ganz neu in der Mutterrolle, und die Aussage der Arzthelferin erschütterte mich so tief, dass ich mich lange nicht davon erholen sollte. Selbst während ich es aufschreibe, beinahe sieben Jahre später, fällt es mir schwer, mich nicht zu rechtfertigen. Ich will es Ihnen unbedingt erklären. Meine Finger wollen über die Tastatur huschen, schreiben, dass ich Geburtsverletzungen hatte, die noch schmerzten, will Ihnen von meiner körperlichen Erschöpfung nach der anstrengenden Geburt berichten.

Als junge Mutter hatte ich lediglich ein Ziel: eine gute Mutter zu sein. Nein, vergessen Sie das: Ich wollte eine sehr gute Mutter sein. Ich wollte diesem kleinen perfekten Wesen die beste Mutter der Welt sein. Das war das Mindeste, was dieses Kind verdient hatte. Aber ich versagte. Ich versagte schon nach drei Wochen, als die Arzthelferin mein Fehlen kritisierte. Und von da an versuchte ich, dieses Versagen wiedergutzumachen. Von da an war ich immer bei meinem Kind. Ich war da, als es das erste Wort sagte, die ersten Schritte tat, ich besuchte Krabbelgruppen und Singkreise. Ich war mit dem Kind nicht nur im Zwergenturnen, nein, ich wurde sogar gleich auch die Übungsleiterin des Kurses. 24 Stunden bevor ich mein zweites Kind bekam, tanzte ich beim Kinderfasching und war 24 Stunden nach der Entbindung wieder zu Hause, um die nun zwei Kinder eigens ins Bett zu bringen. Zwei Tage nach der Geburt meines Sohnes holte ich meine Tochter wieder von der Kita ab. Humpelnd. Mit Schmerzen und blutendem Schritt. Aber ich war da. Ich war da. Ich war immer da. Niemand sollte mich je wieder kritisieren. Ich war die perfekte Mutter. Und ich war völlig ausgebrannt. Denn egal wie gut ich war, die Verletzung heilte nicht. Die Angst blieb, man könnte mich für eine schlechte, eine faule, für eine Mutter halten, die nicht genug liebte. Und sie hielt so lange an, bis ich drohte, an dem selbstverordneten Perfektionismus zu zerbrechen. Ich musste etwas ändern. Aber um etwas zu ändern, muss man zuerst verstehen. Und um zu verstehen, musste ich zum Ursprung zurückkehren. Zur Quelle meiner Angst. Und so sah ich mich Jahre später gedanklich wieder mit der Ausgangssituation und mit der Frage konfrontiert: Was wäre passiert, wäre damals nicht der Vater, sondern ich mit dem Baby zum Arzt gegangen? Tja, ich sage es Ihnen: nichts. Genau gar nichts. In den Augen aller Menschen, die mir begegnet wären, wäre die Welt völlig in Ordnung gewesen. Man hätte den Vater des Kindes bei der Arbeit gewähnt, und mich hätte man nicht für eine schlechte Mutter gehalten. Freilich auch nicht für eine gute. Ich hätte einfach nur meine Pflicht getan. Es hätte mich niemand mit hochgezogenen Augenbrauen gefragt, wo denn der Vater des armen Kindes sei. Mein Mann wäre kein schlechter Vater gewesen. Mein Mann hätte sein Kind nicht vernachlässigt. Mein Mann wäre nicht verletzt worden.

Und so wurde mir der Unterschied bewusst. Ich war nicht mehr ausschließlich eine Frau, die alles durfte, konnte und tat, was Männer auch taten. Ich war jetzt Mutter, und wenn ich mich wie ein Mann verhielt, war ich eine schlechte Mutter. Verhielt ich mich aber wie erwartet – aufopfernd, hingebungsvoll, immer für mein Kind und für meine Familie da –, dann war ich nicht automatisch eine gute Mutter. Nein, ich tat einfach nur meine Pflicht. Kein Lob nötig. Egal wie schnell ich als Mutter renne, es gibt keinen Zieleinlauf, keinen Pokal, keine Blumen. Weil ich nun mal die Mutter bin.

Ganz und gar anders sieht die Sache für den Vater aus. Ein Vater, der am Samstagmorgen mit zwei Kindern im Supermarkt gesichtet wird, ist der Superdaddy. Er geht einkaufen. Alleine mit den Kindern. Obwohl er die ganze Woche gearbeitet hat. Der arme Mann. Und der hilfsbereite Mann. Der Superdaddy! Wir alle, die wir Mutter sind, kennen Sätze wie: «Hilft dein Mann auch zu Hause?» – «Wechselt der Papa denn auch mal die Windeln?» – «Du hast aber auch ein Glück, dass dein Mann dir die Kinder von Zeit zu Zeit abnimmt.» – «Dein Mann ermöglicht dir so viel.» Hätte ich da jetzt eine Triggerwarnung voranstellen sollen? Geht es Ihnen noch gut? Mir nämlich nicht. Ich möchte schreien und weinen. Ich möchte kotzen und schlagen. Ich möchte wüten und klagen. ICH BIN NÄMLICH STINKSAUER! ICH HAB DIE SCHNAUZE VOLL! ES REICHT!

Endlich. Endlich. Endlich! Ich bin angekommen. Angekommen in der Wut, die mein Mann schon vor sieben Jahren gespürt hat. Elternschaft ist ungerechte Scheiße! Mütter müssen alles geben. Mütter müssen kochen, stoffbewindeln, rumfahren, fördern, planen, organisieren, alles wissen, alles können. Sexy sein (für eine Mutter), lieben, Geduld haben, Karriere machen (trotzdem!), erziehen, anziehen, Popos abwischen, und das alles auch noch plastikfrei, bio und mit einem Lächeln im Gesicht. Väter müssen nichts davon. Die Welt retten. Ja, das vielleicht. So Superheldenzeug eben. Aber sie müssen sich nicht als Väter beweisen. Der Samen ist gestreut. Fertig. Wenn sie aber dann mal etwas darüber hinaus tun, ja dann ist aber Applaus angesagt. Good Boy! (Und ja, klar, auch für Väter existieren absurde Rollenklischees. Aber, sorry, darum geht es hier jetzt nicht.)

Da schmelzen die Nachbarinnen am Straßenrand dahin, wenn der Papa mit den Kindern Fahrrad fahren übt, und beglückwünschen mich mit tränenverschleiertem Blick zu diesem Prachtexemplar von Mann. Auf Instagram bekommen Daddys mit Baby im Tragetuch drölfzig Millionen Likes, und Hashtags wie #superdad, #tollerpapa und #meinheld erfreuen sich größter Beliebtheit. Überhaupt war es Instagram, das dieses schüchterne Wutflämmchen in mir zu einem lodernden Waldbrand anfachte. Da berichtete eine Frau, dass ihr Mann ihr einen Mädelsabend «ermöglichte» und das gemeinsame Kind hütete. Nach einiger Zeit rief er sie an, um mitzuteilen, dass das Kind Temperatur habe. Sie müsse aber nicht heimkommen. Natürlich eilte sie trotzdem sofort nach Hause (ohne sie geht es ja nicht), aber: «Wie zuckersüß, dass er wollte, dass ich weiter feiere. Er ist so ein SUPERDADDY!» Hunderte User beklatschten das. Und ich? Ich wurde rasend. Warum heizen ausgerechnet Frauen diese Ungerechtigkeit noch an? Bekommen Frauen Applaus, weil sie das Kind hüten, während der Mann feiern geht? Nein! Niemals! Es ist ihre Pflicht als Mutter. Eine Frau hat gefälligst immer und ständig hintanzustehen, sobald sie Mutter wird. Opfere dich, du bist Mutter! Männer hingegen bleiben zuvorderst Männer. Danach erst sind sie Väter. Väter können Karriere machen wie Männer, Väter können feiern wie Männer, Väter können Väter sein und Männer bleiben. Frauen aber werden zu Müttern. Erst wenn die Kinder nachweisbar gut versorgt sind – aber natürlich auf keinen Fall zu lange in der Kita, im Kindergarten oder bei der Tagesmutter, am besten ist es eh bei der Oma, die war ja auch mal Mutter –, ist es ihnen erlaubt, auch als Mutter Dinge zu tun, die für sie als Frau noch selbstverständlich waren. Ich begreife erst jetzt, dass ich die rosarote Brille, durch die ich meine Rolle als Frau in dieser Gesellschaft lange betrachtet habe, irgendwo in den chaotischen Zimmern meiner Kinder verloren habe. Und seither gewinne ich den Eindruck, dass viele Medien dieses angerostete Rollenverständnis reproduzieren. Auf Instagram werden Väter, die sich um ihre Kinder kümmern, gefeiert. Die Zeitschriften, die sich an Väter richten, drucken nur selten einen Artikel über fehlende Gleichberechtigung ab. Da erwartet man Weihrauch, Myrrhe und Salbei, Awwwws und Ohhhs für durchtrainierte moderne Väter mit Baby vor dem Bauch auf dem Wochenmarkt, die der Mutter den Einkauf «abnehmen», etwas Quality Time mit dem Kind verbringen, bevor es wieder zurück in den stressigen Arbeitsalltag geht.

Und es kommt noch dicker. Da wird bei RTL ganz groß eine neue Sendung angekündigt. «Mensch Papa! Väter allein zu Haus». RTL will herausfinden, was passiert, wenn man Väter zwei Tage allein daheim mit den Kindern und dem Haushalt lässt. In jeder Folge steht ein anderer Vater im Mittelpunkt. Die Mütter kommentieren aus sicherer Entfernung. Auf diese Weise sollen die verschiedenen Ansprüche und Erziehungsansätze deutlich werden. So RTL. Und so läuft es eigentlich: Die Väter verhalten sich wie hirnamputierte Affen, unfähig, einem Kind die Strumpfhose anzuziehen oder Spaghetti auf den Tisch zu bringen, und alle lachen verständnisvoll: «Ach, die Männer. Wie putzig sie sich anstellen.» Ja ne, ist klar. Kochen, den Kindern bei den Hausaufgaben helfen, das Pausenbrot belegen und die Wohnung sauber halten, das kann nur die Mama! Die Botschaft: Männer können sich anstellen wie die letzten Idioten, und alle finden es witzig? Frauen hingegen ist die Fähigkeit, sich um Kinder zu kümmern, in die Wiege gelegt. Aber mal ernsthaft? Stört der Penis wirklich beim Wickeln und Brei kochen? Stößt er etwa schmerzhaft an die Wickelkommode, oder wie muss ich mir das vorstellen? Es kann doch nicht sein, dass das unkommentiert bleibt. Drehen wir das Format doch mal um und schauen, was passieren würde. Achtung, ich schwinge jetzt mit Schmackes die Klischee-Keule: Frau im Baumarkt, und alle Männer beurteilten von zu Hause aus, wie sie völlig überfordert und weinend nach einem Hammer sucht. Die meisten Frauen wissen ja schließlich nicht einmal, was ein Hammer eigentlich ist. Was würde passieren? Frauen würden sich dagegen wehren, es gäbe einen Aufschrei, weil Frauen sich nicht gerne als Idiotinnen darstellen lassen.

Ich bin noch nicht fertig! Denn da gibt es noch diesen herzallerliebsten Werbespot für Amazon Echo: Da bleibt ein Vater mit Baby alleine zu Hause, während die Mutter zur Arbeit aufbricht. Aber dann geht's los: Alexa sendet eine Erinnerung. «Laura sagt: ‹Der Beißring ist im Gefrierschrank.›» Und so geht es weiter. «Laura hat für 15:00 Uhr ein Playdate vereinbart.» Der Tag endet mit einem kleinen Reminder: «Laura liebt dich, du machst das toll.» Dieser Werbespot würde mit einer Mutter zu Hause und einem Vater am Endgerät überhaupt nicht funktionieren. Weil alle davon ausgehen, dass die Mutter weiß, wo der Beißring liegt, und dass sie vereinbarte Termine auf dem Schirm hat. Warum sollte man sie dafür loben? Sie macht schließlich ihren Job.

Die Zeitschriften, die RTL-Sendung, der Werbespot, diese Aaahhhs und Oooohhhs – ich mache da nicht mit. Das ist nicht lustig. Das ist nicht süß. Ich möchte Männer nicht wie Dummköpfe behandeln. Möchten Männer selbst so behandelt werden? Brauchen Männer ein Zuckerchen, nur weil sie eine Stunde alleine mit ihrem Kind verbracht haben? Ist das nicht beleidigend? Wollen sie wirklich gelobt werden wie ein zweijähriges Kind, das zum ersten Mal alleine Pipi ins Töpfchen gemacht hat: «Das hat er supi dupi gemacht. Ganz toll! Du bist schon ein richtig großer Junge.» Echt jetzt? Ich kenne ausschließlich Männer, die das nicht wollen. Diese Männer brauchen keinen Thron, weil sie ihren Sprössling auf ebendiesen gesetzt haben. Diesen Männern wäre ein solches Lob peinlich. Weil sie keine dressierten Schimpansen sind. Weil ihr Penis sie nicht daran hindert, Vater zu sein.

Vor vielen Jahren, wir waren noch Jugendliche, fragten eine gute Freundin und ich uns, warum wir meist viel wütender auf unsere Mutter als auf unseren Vater waren, und kamen zu dem Ergebnis, dass wir von unserer Mutter viel mehr erwarteten. Mit unserem Vater waren wir milder. Dem trauten wir von Anfang an gar nicht so viel zu. Weniger Erwartung, weniger Enttäuschung. So einfach war das. Und so falsch.

Es ist Zeit, dass wir uns von diesen Erwartungen lösen, uns befreien von den alten Rollenklischees. Emanzipation der Erwartungen! Väter und Mütter müssen endlich gleichberechtigt sein. Die gleichen Erwartungen, die gleichen Ansprüche, die gleichen Chancen, das gleiche Lob. Und ja, nicht dass Sie mich falsch verstehen. Anerkennung ist wichtig und gut – wenn sie Müttern und Vätern gleichermaßen zuteilwird.

Meine rosarote Brille ist für immer verloren. Ab jetzt bin ich laut. Ich heiße Marlene, und ich bin Feministin!

MUTTER IST DIE BESTE

«Hast du eine Mutter, dann hast du immer Butter.» Das wusste schon Helge Schneider. Heintje konnte sich nicht nur in Sachen Butter auf Mutter verlassen, auch sein Seelenheil war Muttis Verantwortung: «Und bringt das Leben mir auch Kummer und Schmerz, dann denk ich nur an dich, es betet ja für mich, oh Mama, dein Herz.» Ich bin sicher, die Mutter ist die meistbesungene Frau in der Musikgeschichte. Kein Witz. Ich habe das ergoogelt. Typen wie Sido oder 2Pac rappen süßliche Danksagungen für ihre Muttis, die Zottelköpfe von Metallica brüllen ein herzhaftes «Danke Mama» in die Mikrophone, die Spice Girls entschuldigen sich in ihrem Song *Mama* schluchzend bei ihren Müttern für ihre schlimmen Teenagerallüren, selbst der Fürst der Finsternis, Ozzy Osbourne, bittet seine Mama, ein Licht für ihn brennen zu lassen. (Kurz nachdem er auf der Bühne einer wehrlosen Fledermaus den Kopf abbeißt.) Mamas werden quer durch alle Musikgenres besungen. Mal schnulzig, mal rappend, mal grölend, mal schluchzend und mal krächzend – nach einem schmackhaften Fledermausmenü. Die Botschaft bleibt immer die gleiche: Mama ist die Beste, sie lässt das Licht an, sie war immer da, sie betet für das Seelenheil, und sie hat immer ein Stückchen Butter für den kleinen Hunger parat.

Die Sache mit der Butter wird so explizit übrigens nur in Helges Buttersong besungen. Der singt weiter: «Hast du eine Mutter, dann hast du immer Butter im Schrank für das Butterbrot. Sie schmiert es dir, wenn du es verlangst. Sie schmiert es gut mit Wurst oder Käse, Wurst oder Käse, Teewurst, Leberwurst oder Käse.» Das belegte Brot ist in Helge Schneiders Song ein Symbol für die Mutter, die sich kümmert. Die aufopferungsvolle Mutter. Die selbstlose Mutter. Aber wo ist eigentlich der Vater? Sie können mich gerne vom Gegenteil überzeugen, aber ich kenne keine Songs, in denen Väter als Brotschmierer und Seelentröster besungen werden. Papas sind die mit den starken Armen und den guten Ratschlägen. Die Felsen in der Brandung, die Vorbilder und Lebensretter. Kein Wort über Butter. Oder Wurst. Oder Käse. Kein «Paaaapa, du musst doch nicht um deinen Jungen weinen». Die Rollen sind klar verteilt. Papa ist der Macher, Mama kümmert sich. Papa verdient das Geld, Mama macht das Essen. Diese Aufgabenverteilung steckt ganz tief in den Köpfen – auch heute noch. Schauen Sie sich mal auf Instagram um: adrette Mütter, die ihre Kinder mit selbstgemachtem Bio-Pastinakenbrei füttern, adrette Babys mit kleinen Seidenbaumwollhäubchen – von Mama selbst genäht. Mütter, die liebevoll das Haus dekorieren und ihre Kinder gleich mit. Die Mama schafft das Heim, baut das Nest, füttert die Kinder und kleidet sie ein. Pflegt und hegt alles, was ihr in die Finger kommt. Dabei ist Mutter sein viel mehr und oft sehr hart. Spätestens wenn man zum dritten Mal am Tag die Bettwäsche eines kotzenden Virenkindes gewechselt hat, ist die Instagram-Romantik dahin. Bei Erbrochenem im Haar versagt auch der beste Fotofilter. Und wenn man dann noch Butterbrote oder Teewurstbrote schmieren soll, will man nur noch weinen – allerdings nicht um seinen Jungen, sondern um sich selbst. Ich erinnere mich daran, wie ich schwanger in der fünfunddreißigsten Woche, meine einjährige Tochter im Kinderwagen vor mir herschiebend durch den örtlichen Zoo lief. Es war Ende Januar, es regnete in Strömen, und ich heulte wie ein Schlosshund. Weil mir kalt war, mir der Rücken schmerzte und meine Handtasche stinkende Bananenflecken hatte. Ich wollte in mein Bett. Alleine. Endlich mal wieder alleine sein. Nur ein paar Stunden. Auch innerlich. Ein paar Stunden ohne Baby im Bauch, das mir die Leber zerquetschte. Ich tat mir selbst unendlich leid und hatte dabei ein fürchterlich schlechtes Gewissen. Ich war Mutter einer phantastischen Tochter und eines gesunden Fötus. Ich sollte glücklich sein. Immerzu. Die Sonne sollte mir aus dem Popo scheinen, und zwar 24/7. Ich schämte mich für den Wunsch, alleine sein zu wollen und nie wieder Pinguine beim Kacken beobachten zu müssen. Schließlich war Mutter sein das größte Glück, das eine Frau erleben durfte, laut Instagram, laut Facebook, laut all den Zeitschriften und dem Radio: SEI FROH, DASS DU MUTTER BIST! SCHMIER GEFÄLLIGST GLÜCKLICH BUTTERBROTE! DU WEINST? HOFFENTLICH UM DEINEN JUNGEN! Aber niemals um dich selbst. Denn als Mutter musst du dankbar sein. Auch im Regen. Auch hochschwanger. Mit stinkigen Bananenflecken auf der Tasche. Völlig übermüdet und halb erfroren. Immer!

Gibt es denn überhaupt Mütter, die in dieses Bild passen? Also wirklich immer? Die nie alleine sein wollen? Die niemals ihre Ruhe brauchen? Die ihre Kinder zu keiner Zeit gedanklich zusammenfalten und an der Babyklappe abgeben wollen? Ich bezweifle das, ich bezweifle das sehr. Und soll ich Ihnen etwas sagen? Nach acht Jahren als Mutter weiß ich endlich: ES IST VÖLLIG OKAY! Mütter dürfen so fühlen. Sie sind nämlich keine Mama-Maschinen. Es ist normal, genervt zu sein, wenn die Kinder sich um einen Kieselstein streiten. Oder wenn Sie sich zum hundertsten Mal den Witz mit Fritzchen und seiner Oma anhören müssen. Sie brauchen auch echt nicht dankbar sein, dass Sie Hundekacke von den Turnschuhen Ihres Kindes entfernen müssen. Sie werden zur Furie, weil sie seit drei Tagen keine zwei Stunden am Stück geschlafen haben? Wäre seltsam, wenn nicht! Sie müssen auch wirklich nicht um Ihren Jungen weinen, wenn er den Nachmittag bei einem Kumpel verbringt. Das verlangt echt keiner von Ihnen. Meines Erachtens ist in solchen Momenten ein Freudentanz angesagt und der Griff zu dem Buch, das Sie schon seit zwei Wochen lesen wollten. Mutterliebe bemisst sich nicht an selbstgestrickten Söckchen oder am instagramtauglichen Dauerlächeln. So funktioniert das nicht. Mutterliebe findet zwischen Ihnen und Ihrem Kind statt. Ganz individuell. Mutterliebe hat kein Problem mit blanken Nerven oder dem Wunsch nach Alleinsein. Das gehört so. Lassen Sie die schlimmen Momente zu. Ihr Kind braucht keinen Roboter. Ihr Kind braucht einen echten Menschen. Und wenn irgendwann ein Kind ein Lied mit dem Text «Mama, du kannst ruhig mal um deinetwillen weinen, und es ist auch völlig in Ordnung, wenn es keine Butter gibt. Lass uns einfach Pizza bestellen und auf der Couch essen» singt, dann stehe ich auf jedem Konzert in der ersten Reihe und jubele frenetisch.

KALENDERKARUSSELL

FRÜHER WAR MEHR
ITALIEN

Als Kind fuhr ich in den Ferien mit meinen Großeltern an die italienische Adriaküste. Mein Bruder und ich teilten uns die Rückbank und dazu die süßen Bonbons aus der Blechdose, die meine Oma aus dem Handschuhfach des alten Mercedes zauberte. Spätestens auf dem Brenner musste ich mich übergeben. Und spätestens dann verfluchte mein Bruder den Tag meiner Geburt. Endlich angekommen, war das Meer warm, salzig – und voller Quallen. Ich liebte es. Mein Opa tauchte unter die Luftmatratze, auf der ich vor Aufregung ganz zappelig auf ihn wartete und katapultierte mich einarmig durch die Luft. Er tat alles einarmig. Mit links. Den rechten Arm hatte er im Krieg verloren. Dieses «im Krieg verloren», das klang in meinen Ohren damals fremd und fast schon lustig. Verloren wie einen Regenschirm im Bus. Ich verlebte viele glückliche Sommer in Italien – die in meiner Erinnerung aus Sonne, Meer und daraus, durch die Luft zu fliegen, bestehen.

Als ich älter wurde, verbrachte ich die Sommerferien auf der Terrasse meiner Eltern. Ich hörte Grunge, las Steven King und rauchte heimlich selbstgedrehte Zigaretten. Es waren die Neunziger. Ich versuchte, so braun zu werden wie die Strandschönheiten aus *Baywatch*, und tuschte mir die Wimpern blau. Abends ging ich tanzen – der erste Rausch, der erste Kuss. Das Leben war leicht. Damals bedeuteten Ferien noch Freiheit. Ferien bedeuteten Glück.

Vergangenheit. Präteritum. Die Zeiten sind vorbei. Denn jetzt habe ich ein schulpflichtiges und ein Kindergartenkind. Das Wort Ferien ist jetzt neu besetzt. Statt mit Sonne satt mit Sorgen und Stress. Mein Arbeitgeber gewährt mir im Jahr 30 Tage Urlaub. Damit bin ich schon recht gut bedient. Laut § 3 Abs. 1 des Bundesurlaubsgesetzes beträgt der Mindesturlaub bei einer Fünftagewoche 24 Werktage. Diesen 24–30 Tagen stehen circa drei Millionen Tage Schulferien gegenüber. Man muss kein mathematisches Genie sein, wie ich, um es auf den ersten Blick zu durchschauen: Houston, wir haben ein Problem!

Es gab Zeiten, da hat man die Kinder einfach mitgenommen zur Arbeit. Und zwar aufs Feld. Zum Mitarbeiten. Das war nämlich der ursprüngliche Zweck der Schulferien. Die Kinder halfen in der elterlichen Landwirtschaft aus. Sie waren als Hilfsarbeiter fest eingeplant und unverzichtbar. Heu wenden, Weizenernte, Vieh füttern. Von Sonnenaufgang bis Sonnenuntergang. Die Tage waren lang, die Arbeit war hart.

Heutzutage sieht das etwas anders aus. Wer möchte sich schon in den Sommermonaten einer Zahnwurzelresektion unterziehen, durchgeführt von dem achtjährigen Sohn der Frau Doktor. Oder mit den zehnjährigen Zwillingen von Herrn Wüstenrot die Baufinanzierung besprechen? Seien wir doch mal ehrlich: Fleißige Kinderhände fallen in den allermeisten Berufen schon per se aus. Atomkraftwerke sind schließlich gefährliche Orte. Das wissen wir spätestens seit den Simpsons. Auch im Streifenwagen oder neben dem Operationstisch machen Kinder nur so mittelviel Freude. Und selbst wenn alle Beteiligten das Kind am Arbeitsplatz okay finden, ist es selbst leider meist weniger begeistert. Die erste Stunde im elterlichen Büro mag noch spannend sein, doch wenn alle Stempel auf den eigenen Körper (und den der Mutter) gestempelt sind und das Fotokopieren des eigenen Popos den Reiz verloren hat, macht sich schnell gähnende Langeweile breit. Diese nun sittsam zu erdulden, zählt nicht gerade zu den Kernkompetenzen der kleinen Bürogäste, und so quengeln sie, was das Zeug hält. Hat Ihnen Ihre Arbeit in der Gesellschaft von Kindern zuvor noch Spaß gemacht, ist damit schlagartig Schluss. Sie wollen sich nur noch die Ohren zutackern und die Augäpfel rauslochen. Kinder am Arbeitsplatz gefährden die Gesundheit! Meistens Ihre.

Wohin also mit dem Nachwuchs, wenn die Schule oder der Kindergarten die Tore schließt? Alleine zu Hause lassen ist in den wenigsten Fällen zuträglich – weder Ihrer Einrichtung noch der Gesundheit Ihrer Kinder oder Ihrem Sorgerecht. Die Allergesegnetsten unter uns haben Großeltern vor Ort, die die süßen Kleinen liebend gerne über die Ferien verziehen, äh, versorgen. Allerdings hat dieses auf den ersten Blick so wunderbare Arrangement auch seine Nachteile. Ich sage nur: 1. vor Ort, 2. verziehen.

Seinen Eltern oder Schwiegereltern täglich im Supermarkt zu begegnen («Du willst den Kindern doch nicht etwa dieses Körnerfutter servieren? Ich bringe euch später einen Sauerbraten vorbei.») oder in der Apotheke («Was kaufst du denn da? Hast du wieder Hämorrhoiden? Du presst völlig falsch. So habe ich dir das nicht beigebracht.»), kann einem das letzte bisschen Lebensfreude nehmen. Holt man die Kinder nach drei Wochen Ferien bei den Großeltern ab, muss man diese erst mal auf Werkseinstellungen zurücksetzen. Stellen Sie sich einfach vor, was passiert, wenn man die Gremlins nach Mitternacht füttert, dann wissen Sie in etwa, dass aus den zauberhaften Wesen, auf deren

Erziehung sie so viel Zeit und Mühe verwendet haben, nach den Ferien bei Oma plötzlich schreckliche Monster geworden sind. Monster, die über Tische springen, mit den Händen essen, Wände bemalen und Ihnen Befehle erteilen. «Bei Oma darf ich das aber.» Bis dieser After-Großeltern-Effekt nachlässt, stehen dann bald schon wieder die nächsten Ferien vor der Tür. Dass die meisten Menschen inzwischen nicht mehr in der Nähe ihrer Eltern leben, lässt sich vielleicht auf die geforderte berufliche Flexibilität zurückführen – oder aber auf die Angst vor einem unfreiwilligen Hämorrhoiden-Outing in der Dorfapotheke. Zudem werden wir im Schnitt immer später Eltern, sodass viele Großeltern bei der Geburt ihrer Enkel bereits im Greisenalter sind und nicht mal mehr dem altersschwachen Dackel hinterherlaufen könnten, geschweige denn Ihren quietschfidelen Kindern. Sie brauchen also eine andere Lösung, wenn Sie Ihre Kinder in den Ferien gut betreut wissen wollen. Und nein, der heimische Keller ist noch immer keine Option. Ich habe schon von Eltern gehört, die ihren Jahresurlaub komplett getrennt voneinander nehmen, um das Betreuungsproblem in den Griff zu bekommen. Das mag eine gute Lösung sein. Wenn man sich nicht leiden kann und ungern Zeit miteinander verbringt. Mein Mann und ich sind noch nicht ganz an diesem Punkt.

Bei uns heißt das Zauberwort Ferienbetreuung – ob im Sportverein, in Jugendeinrichtungen oder im Schülerhort, wenn es um die Ferien geht, ist uns alles recht. Leider sind wir nicht die einzigen Eltern, die auf diese grandiose Idee gekommen sind. Und so ist ein Platz im Kinderferienprogramm begehrter als eine Audienz beim Papst und schwerer zu ergattern als ein Autogramm von Whitney Houston. (Ja, posthum.) Da spekulieren Eltern auf Schulhöfen schon Monate vorher, wann denn das Anmeldeformular zur Ferienbetreuung des Turnvereins im Internet freigeschaltet wird. Jeder, der im Besitz wertvoller Informationen sein könnte, wird erst mit Bettelbriefen weichgekocht und dann mit Schokolade und Rotwein bestochen. Lediglich Fälle von Erpressung – mittels Waffengewalt – sind mir bislang noch nicht zu Ohren gekommen. Erstaunlicherweise. Wenn dann endlich bekanntgegeben wird: Anmeldeformular online am 01.06. ab 8:00 Uhr, heißt es schnell sein. Kluge Eltern (wir) nehmen den Laptop und die Kreditkarte mit ins Bett, um bereits ab 5:00 Uhr morgens am Tag der Freischaltung vor dem Bildschirm zu campieren. Drei Stunden später, um 8:05 Uhr, schallen dann Jubelschreie (Zusage) oder verzweifeltes Schluchzen (Warteliste mit geringer Erfolgsaussicht) durchs Dorf. Und dieses lustige Spiel spielen wir gleich mehrmals im Jahr.

Bereiten Sie sich darauf vor: Der Aufwand für die Planung der Ferienbetreuung in einer vierköpfigen Familie mit einem Schul- und einem Kindergartenkind entspricht in etwa einem Vollzeitjob. Ich weiß das. Ich bin in unserer Familie dafür zuständig. Nicht dass ich mich für dieses Amt gemeldet hätte, aber würde ich mich nicht darum kümmern, stünde mein Mann am ersten Ferientag völlig überrascht mit den Kindern vor den entsprechenden Einrichtungen und würde sich wundern, warum man ihn wieder wegschickt. Irgendwann lasse ich es so weit kommen, bis dahin verbringe ich den September mit dem Kalender. Mit *den* Kalendern. Es sind mehrere! Erst mal werden die Ferien der Kinder markiert. Es ist also praktisch alles rot. Der erste Kalender ist voll. Dann werden die möglichen Betreuungsangebote recherchiert. Welches Angebot deckt welche Ferien ab? Wann und wie muss ich mein Kind anmelden? Dafür brauche ich Kalender Nummer zwei. Und dann muss man ja auch noch schauen, wann man selbst Urlaub nehmen kann und wann der Mann. Das kostet auch schon wieder Zeit und Nerven. In den nächsten Wochen drehen sich die Gespräche am Abendbrottisch nur noch darum. Der Urlaub will ja auch mit den Kollegen abgestimmt sein, und diese wollen zum größten Teil (Überraschung!) auch in den Ferien freihaben. Und dann sollte der Mann halt auch nicht dauernd vergessen, seinen Urlaubszettel abzugeben. (HERRSCHAFTSZEITEN!) Steht der Elternurlaub endlich, wird dieser in Kalender Nummer drei eingetragen. Alle Ferien, Ferienbetreuungen und Urlaube werden schließlich in Kalender Nummer vier übernommen. Wenn dann keine Betreuungslücke mehr besteht, ist alles gut, und ich bin um nur drei Jahre gealtert. Endlich kann ich wieder ruhig schlafen. Bis das Kind am nächsten Tag aus der Schule kommt und mir einen Zettel in die Hand drückt, der über einen pädagogischen Tag und den zusätzlichen Ausfall des Unterrichts informiert. Dann bleibt nur noch, sich die Kalender unter den Arm zu klemmen und damit ein hübsches Lagerfeuer im Lehrerzimmer zu veranstalten. Frei nach dem Motto: «Hurra, hurra, die Schule brennt.»

MÜDE ELTERN

«Heute schauen wir aber wirklich noch einen Film, wenn die Kinder schlafen», sage ich. Sagst du. Sagen wir. Wenn wir voller Hoffnung sind. Doch meistens, ja fast immer, bleibt es bei der Hoffnung. Im Laufe des Abends verlieren wir uns nämlich an den größten Konkurrenten unserer Zweisamkeit: den Schlaf. Der Schlaf lauert auf dem Sofa, im Kinderbett, ja sogar auf einem einigermaßen bequemen Stuhl. Eine kurze Unaufmerksamkeit kann dazu führen, dass er einen von uns am Haken hat. Er ist ein gewiefter Verführer, und er hat es auf die Schwächsten unserer Gesellschaft abgesehen: auf uns, die Eltern kleiner Kinder. Eltern sind verletzliche, bedürftige Wesen. Sie sehnen sich mit einer derartigen Dringlichkeit nach Schlaf, dass sie seinen süßen Verlockungen meistens erliegen. Um Zeit mit ihm zu verbringen, schmeißen sie Pläne schneller über Bord, als eine Rentnerin ihr halbverdautes Sektfrühstück auf ihrer ersten Kreuzfahrt auf der Aida. Gemeinsame Filmabende, Dinner oder gar der Austausch von Zärtlichkeit fallen ins Wasser. Einer schläft immer!

Sollte es doch mal klappen, dass die Kinder zu einer einigermaßen zivilisierten Zeit schlafen und wir Eltern zumindest die Augen noch auf Halbmast geöffnet haben, ist das für einen gelungenen Filmabend noch lange keine Garantie. Denn der Film will ausgesucht werden. Dafür durchsuchen wir diverse Streamingdienste. Wir sind Eltern. Wir wissen nicht mehr, welche Filme gerade aktuell, gut besprochen, sehenswert sind. Das kostet Kraft. Entscheidungskraft. Da aber genau diese Entscheidungskraft schon im Laufe des Tages vom Elternsein derart ausgesaugt wurde (Spaghetti oder Reis? Strumpfhose oder Kniestrümpfe? Zum Fußball oder auf den Spielplatz? Pflaster oder pusten? Süßigkeiten oder Obst? Gift oder Strick?), dass lediglich eine halb vertrocknete Pfütze übriggeblieben ist, wird es schwierig. Nach quälend langer Zeit und unter dem Eindruck fortschreitender Müdigkeit einigt man sich irgendwann zähneknirschend auf den Film mit dem vielversprechendsten Cover. Bewertungen lesen ist zu diesem Zeitpunkt bereits nicht mehr möglich. So rein kognitiv. Gegen 21:15 Uhr beginnt also irgendwas über den schwarzen Kasten zu flimmern, und spätestens um 21:20 Uhr erklingt das erste Schnarchen. Damit ist der Filmabend beendet. Ohne Happy End. Schlaf macht keine Gefangenen.

Dabei fällt ein Filmabend noch in die Kategorie «Schwierig, aber umsetzbar, wenn die Sterne günstig stehen». Die wahre Herausforderung besteht darin auszugehen. So richtig, wie erwachsene Menschen. Mit Essen gehen, Kino- oder Konzertbesuch. Das ist quasi die Meisterprüfung in der Disziplin «Eltern sein, Paar bleiben». Es fängt schon mit der Planung an: Dafür muss man nämlich miteinander sprechen. Sprechen können wir erst dann miteinander, wenn die Kinder schlafen. Sind die Kinder nämlich wach, tun sie alles dafür, unsere Aufmerksamkeit ausschließlich auf sich zu ziehen. Sollten Eltern es wagen, eigene Pläne zu erörtern, lenken sie den Fokus mit allen Mitteln wieder auf sich, zur Not auch mit einem Kopfsprung vom Hochbett. Die Date-Planung kann also erst im Schutze der Nacht stattfinden. Da sind wir aber wieder beim selben Problem wie beim Filmabend. Die Wahrscheinlichkeit, dass beide Elternteile noch wach sind, liegt bei mickrigen 13,26 Prozent (grobe Schätzung). Es kann mitunter Monate dauern, bis wir ein mehr oder minder vollständiges Gespräch führen können, das im wachen Zustand stattfindet. Tja, und «wach» heißt bei uns auch nur noch, dass die Augen geöffnet sind. Sprechen und denken gelingt da meist nur noch so mittelscheiße.

Mit Grunzlauten, Gesten und Ist-mir-eigentlich-egal-entscheide-du-Gemurmel verständigen wir uns dann irgendwie auf irgendwas.

Bei Ihnen ist das nicht so? Sie erörtern jeden Abend den Nahostkonflikt, kochen ein leckeres veganes 5-Gänge-Menü, besteigen gemeinsam die hauseigene Kletterwand oder gar einander? Herzlichen Glückwunsch! Schade, dass wir uns nicht kennen. In meiner Welt geht es nämlich allen Elternpaaren ähnlich: Die Müdigkeit, die fehlende Zeit füreinander und der Alltagsstress sorgen für Streit und Gereiztheit. Gespräche drehen sich nur noch um den Einkauf, die Wäsche, die Kinder und das Geld. Wenn man denn noch spricht. Meine Freundin zum Beispiel kommuniziert mit ihrem Mann hauptsächlich über WhatsApp. WENN SIE NEBENEINANDER AUF DER COUCH SITZEN. Wirklich. Ich kenne die Screenshots, da schreibt sie beispielsweise: «Hol mir was zu trinken.» Und er schreibt zurück: «Was denn?» Woraufhin sie wiederum genervt ist, dass er das nicht schon weiß, schließlich hat sie es laut und deutlich gedacht.

Das Problem bei dieser ganzen Müde-Eltern-Sache ist ja auch, dass man zwar ständig völlig genervt voneinander ist, aber eben auch viel zu kraftlos, um richtig zu streiten. Die dicke Luft bleibt dick. Ein reinigendes Gewitter bleibt aus. Nur Augenrollen, Grunzer und Seufzer. Und da wird's gefährlich. Man droht, sich zu verlieren. Im Bermudadreieck des genervten Elterndaseins. Zwischen all den vollgekotzten T-Shirts, den blutenden Knien, den Hassaufgaben, Elternabenden und Haustierabwehrarbeiten vergisst man nämlich allzu leicht, was man einmal war: ein Paar. Das Elterndasein raubt einem alle Energie, und die Paarbeziehung rückt in den Hintergrund.

Ernsthaft, bei Eltern, die mehr als zwei Kinder haben, frage ich mich von Zeit zu Zeit, wie es überhaupt so weit kommen konnte. Wie kam es bitte zur Zeugung? Wann hatten die denn Zeit dafür? Wann waren die nicht zu müde? Wann hassten die sich gerade nicht? In Zeitschriften und auf Blogs liest man ja immer darüber, wie schwierig und zugleich eminent wichtig das ist mit dem sogenannten Elternsex. Allein wenn ich das Wort «Elternsex» höre, kommt mir schon ein bisschen Kotze hoch. Ich denke da nämlich immer an meine eigenen Eltern, und die sind siebzig, also meine Mutter. Mein Vater ist tot. Das macht die Vorstellung auch nicht ungruseliger. Mein Appell an alle deshalb: Hört auf, Sex zwischen erwachsenen Personen, die zufällig Kinder haben, Elternsex zu nennen. Das macht die Sache nämlich so sexy wie ein Hühneraugenpflaster auf den Fliesen des städtischen Hallenbads.

Mich persönlich setzt ja auch dieses ganze Gerede

über Date Nights, Quality Time und Kuschelzeit – auch so ein Igitt-Wort – unter Druck. Was soll ich denn noch alles? Liebevolle Mutter sein und gleichzeitig sexy Partnerin? Karriere machen und Kinder erziehen? Mich um mich selbst kümmern und den Partner verwöhnen? Die Welt retten und beim Kita-Sommerfest Zucchinimuffins verkaufen? Da wird man doch völlig irre. Man kann nicht immer alles haben. Zumindest ich nicht. Ich bin zu müde für alles. Lasst uns doch bitte aufhören, so zu tun, als würden Kinder die Beziehung nicht verändern. Sie tun es nämlich kolossal. Und das ist okay und normal. Wir müssen es uns nur erlauben. Ehrlich, das entspannt ungemein. Machen wir uns endlich klar, dass man nicht jederzeit alle Bereiche des Lebens zu 100 Prozent bedienen kann. Lasst uns lieber unperfekt sein. Sind die Kinder klein, reicht die Kraft vielleicht nur für einen verschnarchten Filmabend. Aber die Kinder werden größer, vielleicht sogar schneller, als es Ihnen lieb ist, und plötzlich stellen Sie fest, dass da ja noch ein anderer Erwachsener ist, der sich durch den Alltag schlägt. Sagen Sie ihm freundlich hallo. Vielleicht gehen Sie ja auch mal miteinander ins Kino. Und vielleicht erinnern Sie sich, dass Sie diesen anderen Erwachsenen von früher kennen …

ZAUBERHAFTE NEBENJOBS

Seit ich Kinder habe, bin ich auch Mutter. So weit, so logisch. Überraschend kam für mich jedoch, dass sich hinter dem Mutterjob weit mehr verbirgt. Denn mit sofortiger Wirkung wurde ich zur ausführenden Hand hinter dem Christkind, dem Weihnachtsmann, dem Nikolaus, dem Osterhasen, der Zahnfee und dem Sorgenfresser. Aber psssst! Nicht weitersagen. Das ist nämlich ein Geheimnis. Stellen Sie es sich so vor: Die Muttersache ist mein Hauptjob, die Sache für die alten Männer mit weißem Bart, für die Feen und Hasen sind meine geheimen Nebentätigkeiten. Ich bin so etwas wie ein unbezahlter Subunternehmer, der für eine Briefkastenfirma arbeitet.

Warum ich diese Jobs mache? Ohne Ausbildung, ohne Einarbeitung, ohne Bezahlung? Wahrscheinlich weil ich den Mutterjob ohne Arbeitsvertrag, Vorstellungsgespräch und Gehaltsverhandlungen übernommen habe. Eine detaillierte Aufgabenbeschreibung? Gab es im Vorfeld nicht! Ich muss zugeben, ich habe keinen Schimmer, was es mit der Nikolaus-, Weihnachtsmann- und Christkindtätigkeit auf sich hat. Die Geschichte um Jesu angebliche Geburt und den barmherzigen Heiligen mit dem weißen Bart – darüber bin ich im Bilde. Aber was ist eigentlich der Unterschied zwischen Weihnachtsmann, Nikolaus und Christkind? Sind Weihnachtsmann und Nikolaus ein und dieselbe Person? Sie sehen sich zumindest recht ähnlich. Diese nahezu deckungsgleichen Aufgabenbereiche verwirren mich kolossal. Außerdem gibt es nur zwei Ereignisse: den 6. Dezember und den 24. Dezember. Wieso dann aber drei Geschenkebringer? Ich setzte den Rotstift an. Schnell war klar: Für das Christkind würde ich weiterhin arbeiten. Ein bezauberndes lockiges Engelchen im Kleid? Hallooo? Selbst die McKinseys dieser Welt hätten wahrscheinlich Schwierigkeiten damit, ein unschuldiges Kind aus der Riege der magischen Gestalten zu entfernen. Ich beschloss, diese Nebentätigkeit zur Weihnachts-Prime-Time auszuüben: am Heiligen Abend. Blieben noch die alten weißen Männer. Ich entschied mich für den mit dem roten Kostüm und der Coca-Cola-Flasche in der Hand. Aus unerfindlichen Gründen war er mir sympathischer. Meine Arbeitszeit beschränkte sich in diesem Fall auf den 6. Dezember. Der Weihnachtsmann war raus. Das Ergebnis der Stellenstreichungen: zwei Ereignisse, zwei Geschenkebringer.

Alles schön und gut, wenn sie denn auch wirklich Geschenke bringen würden. Also selbst, ganz ohne mein Zutun. Machen sie aber nicht. Gar nichts machen sie. Es steht zwar Christkind auf dem Absender, aber wer steckt dahinter? Richtig: Mama. Es steht Nikolaus auf der Schoki, aber dahinter steckt: Mama. Geschenke aussuchen, kaufen, einpacken. Das alles überlassen sie mir, ihrer unbezahlten Subunternehmerin. Sie entschuldigen sich nicht einmal für ihre Tatenlosigkeit, obwohl ich ihnen am Abend vor ihrem angeblichen Erscheinen Kekse und Milch bereitstelle. Rühren sie aber auch nicht an, muss auch ich verzehren. Und wer heimst den Applaus ein? Meine Kinder schreien artig «Danke, lieber Nikolaus» und «Danke, liebes Christkind» gen Himmel, und ich stehe mit aufeinandergebissenen Zähnen daneben und unterdrücke ein wütendes: «DAS WAR ICH. ALLES! SOGAR DIE BLÖDEN TROCKENEN KEKSE HABE ICH SELBST GEGESSEN!» Aber die leuchtenden Kinderaugen, diese freudestrahlenden kleinen Gesichter! Sind die denn nicht Lohn genug, fragen Sie? Natürlich ist das schön anzusehen. Darüber freue ich mich auch, ich bin ja kein Unmensch. Ich sage nur, dass ich mich noch mehr freuen würde, wenn ich nicht die ganze Arbeit alleine und unbezahlt machen müsste. Ich würde dem Nikolaus und dem Christkind gerne HELFEN – wenn es sie denn gäbe –, sie aber zu SEIN, das ist wirklich zu viel des Guten.

Zumal es mit meiner Nebentätigkeit an Weihnachten nicht getan ist. Schon kurz nach den Feiertagen fange ich damit an, mich mental auf den nächsten Arbeitseinsatz vorzubereiten und in die Rolle des puscheligen Meister Lampe zu schlüpfen. Genau, ich meine den Osterhasen. Eier verstecken und so. Auch was diesen Aufgabenbereich betrifft, glänze ich mit Unkenntnis. Warum versteckt ein Hase Eier? Wieso malt er sie vorher bunt an? Und warum um alles in der Welt muss ICH dieser Hase sein? Ich habe schließlich eine Allergie gegen Nagetierhaare. Wirklich. Das wurde von ärztlicher Seite getestet und bestätigt. Ich müsste mich eigentlich von Hoppelgetier fernhalten. In meinem Hals juckt es sonst wie verrückt, und ich kann mich da drinnen doch so schlecht kratzen. Trotzdem schleiche ich regelmäßig in den frühen Morgenstunden an einem Frühlingssonntag durch den Garten und verstecke bunte Eier in den Büschen, die ich vorher selbst mit den Kindern in einer riesigen Farb- und Wasserschlacht gefärbt habe, nur um wenige Stunden später überzogen überrascht jedes von den Kindern gefundene Ei zu bejubeln, das dann übrigens keines der Kinder isst, denn die Kinder mögen nur die aus Schokolade, die aus Huhn bin ich verdammt alleine zu essen, meinen Cholesterinspiegel damit in die Höhe und meine Jeans in die Breite zu treiben.

Aber wenigstens lassen sich die bisher genannten Nebentätigkeiten einigermaßen gut mit meiner eigentlichen Arbeit als Mutter vereinbaren. Die Arbeitseinsätze erfolgen an weit im Voraus feststehenden Terminen, die sich von Jahr zu Jahr niemals ändern. Die Daten stehen sogar schon im Kalender, wenn ich ihn kaufe.

Aber dann gibt es da noch meine Nebentätigkeit als Zahnfee – und dieser Job ist unberechenbar. Sobald mir eines der Kinder stolz einen blutigen Zahn präsentiert, beginnt meine Arbeit. Das kann zu jeder Tages- und Nachtzeit, sowohl in der Woche als auch an Feiertagen, immer und überall passieren. Die Aufgabe: Als Subunternehmer der Zahnfee bin ich dafür verantwortlich, dem zahnlückigen Kind ein kleines Geschenk unters Kissen zu legen – als Dank für den Zahn, als Preis für die Unerschrockenheit, mit der es sich den blutigen kleinen Stumpen aus dem Kiefer gedreht hat. Leider hat die Zahnfee (also ich) an einem Sonntagabend um sieben Uhr – der von meinen Kindern bevorzugte Zeitpunkt für Zahnverluste – kaum eine Möglichkeit, ein Geschenk zu besorgen. Ich könnte schnell eine Heiße Hexe von der Tankstelle holen, aber ich befürchte, damit den Pflichten einer Zahnfee nicht gerecht zu werden. Es ist also von eminenter Wichtigkeit, ständig auf einen kleinen

Geschenkevorrat zurückgreifen zu können: Haarspangen, Aufkleber, Pixi-Bücher, Badezusatz und anderen Kleinkram. Und nun rechnen wir mal: Ich habe zwei Kinder, macht 2 mal 20 Milchzähne, ergibt zusammen 40 Milchzähne. Ist doch super, sagen Sie? Einmal losziehen und 40 Geschenke kaufen, Sache geritzt? Ja, dann sind Sie definitiv besser geeignet für diesen Job als ich. Lange Jahre warf mich jeder verlorene Milchzahn aufs Neue aus der Bahn. Als hätte ich es nicht schon dreißig Mal erlebt, stand ich dann da – ohne Geschenke – und fiel erneut aus allen Wolken. Und weil der Zahnverlust nun mal bevorzugt am Sonntagabend eintritt oder am Tag der deutschen Einheit oder nachts um drei oder auf einer Hallig oder am Rande der zivilisierten Welt, also am Arsch der Heide, wo natürlich meist alle Läden geschlossen haben und ich nicht mal mehr eine Tiefkühlpizza im Gefrierfach finde, die als Geschenk herhalten könnte, hat sich die gute Zahnfee (also, ich … Sie wissen schon) inzwischen ein Gutscheinsystem einfallen lassen. Beim Aufwachen findet das Kind im Tausch für den Zahn einen Gutschein für eine Kugel Eis unter seinem Kissen. Fertig. Das ist aus mehreren Gründen eine grandiose Idee, denn die Zahnfee muss nicht wie eine Irre die Schränke nach Geschenken durchsuchen, das Eis kühlt die wunde Zahnlücke, und der Zucker im Eis beschleunigt den Ausfall der verbliebenen Milchzähne, kurbelt also den Zahnwechsel an. Glückliche Zahnfee, glückliches Kind. Win-win-super-win-Situation. Als Zahnfee bin ich mittlerweile also eine Spitzenkraft, die Mitarbeiterin des Monats, mindestens.

Die bei weitem anspruchsvollste Nebentätigkeit von allen ist aber die des Sorgenfressers. Die Kinder glauben, der Sorgenfresser sei ein magisches Kuscheltier. Dieses Kuscheltier hat eine Bauchtasche. In diese Tasche steckt das Kind abends einen Zettel, auf dem es seine Sorgen vermerkt hat, und am nächsten Morgen ist der Zettel weg und mit ihm die Sorgen: Der Sorgenfresser hat die Sorgen aufgefressen. Toller Sorgenfresser! Magic! Na ja. In Wahrheit ist das Kuscheltier ein lebloses Stück Polyester. Die Sorge muss Mama fressen, und das geschieht, indem sie den Zettel aus der Bauchtasche des Tieres entnimmt, nachdem das Kind eingeschlafen ist, und ihn ... wegwirft. Zumal Mama sowieso schon vorher auf der Sorge herumgekaut hat. Schon beim Hineinstecken in den Plüschbauch, durch das Darüber-Reden, das Zuhören, das Trösten und Mitfühlen. Der Zettel im Bauch ist nur ein Symbol, aber nicht für das Kind. Sollte man nämlich mal vergessen, den Zettel aus dem Bauch zu entfernen, ist das Drama groß. Das Kind fühlt sich vom Sorgenfresser verraten und verkauft. Jegliches Vertrauen in den Sorgenfresser ist dahin. Es ist also unerlässlich, den Sorgenfresser immer zu leeren. Doch auch Mamas wollen mal Feierabend haben, sind abends naturgemäß so müde, dass sie sich von Zeit zu Zeit nicht mal mehr an ihren eigenen Namen erinnern können, geschweige denn an die Existenz eines Zettels, den es im Namen eines anderen zu vernichten gilt. Daher ein weiterer Protipp: Stellen Sie sich einen Sorgenfresserwecker. Mein Handy reißt mich jeden Abend um 21:30 Uhr aus dem Dämmerschlaf. Auf dem Display blinkt ein aufgeregtes SORGENFRESSER, und ich trete den Weg vom Kinderzimmer zum Mülleimer an. Das rettet mir als Sorgenfresser-Subunternehmer regelmäßig den Arsch und stärkt das Urvertrauen meiner Kinder in Plüschtiermagie.

Christkind, Nikolaus, Osterhase, Zahnfee, Sorgenfresser und Mutter. Ganz schön viele Alter Egos für eine kleine Person wie mich. Meine Kinder werden älter, klüger und weniger anfällig für den Glauben an zauberhaftes Wesentum. Nach und nach werde ich meine Nebentätigkeiten niederlegen, die meisten meiner Persönlichkeiten werden verblassen, weil meine Kinder sie nicht mehr brauchen. Nur Mutter werde ich immer bleiben. Zum Glück.

WENIGSTENS WIRD ES NIE LANGWEILIG

VON FLIEGENDEN MEERSCHWEINCHEN UND WAUZIS IN NOT

Es sind immer zwei Weibchen. Oder zwei Männchen. Wenn man dem kompetenten Zoofachhandelfachangestellten glauben will. Glauben muss. Denn wer hat schon Ahnung von den primären Geschlechtsmerkmalen von Goldhamstern? Ich jedenfalls nicht.

Meine Kinder wollen ein Haustier. Nicht sehr überraschend, oder? Alle Kinder wollen irgendwann ein Haustier. Trotzdem hofft man ja, dass das eigene Kind nicht zu dieser Gruppe gehört. Dass es anders ist, besser, erhaben über solch niedere Bedürfnisse. Und dann stirbt die Hoffnung. Nicht zuletzt, nein, recht am Anfang schon, nämlich sobald das Kind Zweiwortsätze bilden und «Hase haben» schreien kann. Manche Kinder müssen nicht einmal sprechen, um ihrem Wunsch Ausdruck zu verleihen. Da genügt manchmal schon ein gezielter Griff in den Matsch. Einmal nicht hingeschaut, schon hat das Kind einen Regenwurm in der Patschehand oder eine Weinbergschnecke in der Hosentasche. Ich weiß, wovon ich rede. Leider.

Verstehen Sie mich nicht falsch, ich mag Tiere. Ich würde gerne täglich in ein Bällebad aus Welpen hüpfen oder auf einem Shetlandpony zum Einkaufen reiten. Meine Mutter war Haustieren gegenüber sehr aufgeschlossen. Zuerst kamen die Meerschweinchen dran. Ich muss etwa fünf Jahre alt gewesen sein, mein Bruder sieben. In unserem Kindergarten gab es damals zwei Jungs, die beste Freunde waren. Wir bewunderten die beiden und ihre phantastische Freundschaft. Man sah sie immer nur zusammen. Eine Einheit. Eine Kinderfreundschaft der Extraklasse. Durch dick und dünn. Forever and ever. Und diese Jungs hießen: Michael und Alexander. Wir gaben unseren Meerschweinchen ihre Namen in der Hoffnung, die Tiere würden ebenso gute Freunde werden. Die besten Freunde. Forever and ever. Dummerweise schließen sich forever and ever und ein Meerschweinchenleben in den Händen einer Fünfjährigen kategorisch aus:

«Er hat ganz deutlich gesagt, dass er fliegen kann.»

«Das hat er bestimmt nicht gesagt.»

«Aber gefühlt habe ich es.»

«Meerschweinchen können nicht fliegen. Oder sprechen. Und außerdem durftest du nicht alleine auf den Balkon.»

«MIIICHAEEEEEEEL!»

Von nun an war Alexander Witwer.

Kurze Zeit später lief Alexander weg. Vielleicht begab er sich auf die Suche nach Michael. Vielleicht flüchtete er auch vor unseren Patschehänden. Er verschwand während eines Spaziergangs im Garten und wurde erst zwei Tage später von meinem Bruder in einem Gebüsch wiederentdeckt. Meine Mutter badete ihn in Seifenwasser und föhnte ihn anschließend trocken. («Wer weiß, wo das Tier sich rumgetrieben hat.») Am nächsten Tag lag Alexander tot in seinem Käfig. Meine Mutter meinte, er hätte vielleicht etwas Giftiges gefressen. Noch heute bin ich davon überzeugt, dass es an Mutters Vollwaschgang lag.

Nach den Meerschweinchen kamen irgendwann zwei Hamster dran. Natürlich waren sie gleichgeschlechtlich. Sagte der Zoofachhandelfachangestellte. Dachte der Zoofachhandelfachangestellte. Flunkerte der Zoofachhandelfachangestellte. Und natürlich gelang den Hamstern das biologische Wunder: Sie wurden Eltern. Achtfache Eltern. Und wenige Wochen später Großeltern ... Und so bescherte uns der Circle of Life sehr viele Haustiere. Ich weiß nicht mehr genau, wie die Geschichte letztlich ausging. An einem Tag wuselten noch Dutzende Hamster in meinem Playmobil-Ponyhof durcheinander, und am nächsten Tag waren sie unter mysteriösen Umständen verschwunden. Egal was zum Massenauszug der Hamster geführt hat, heute kann ich aus vollem Herzen sagen: Mutter, I feel you! Auf jeden Fall ist es ziemlich wahrscheinlich, dass jeder heute lebende Hamster seine Wurzeln in meinem Kinderzimmer hat. Sollte einer davon bei Ihnen wohnen, grüßen Sie ihn bitte von mir.

Vor kurzem tat ich dann das Dümmste, was ich als Mutter je getan habe. Und ja, ich denke, ich kann mich da jetzt schon final festlegen: Ich habe mit den Kindern *Tiere suchen ein Zuhause* geschaut. Dumm, dumm, oberdumm! Die kinderfreundliche Katze Kitty, der humorvolle Hamster Herbert, der freundliche Vogel Volker, das kuschelige Kaninchen Krümel. Sie alle sollten – nein, mussten – sofort bei uns einziehen. Sagten die Kinder. Verlangten die Kinder. Befahlen die Kinder. Mit Tränen in den Augen, vorgeschobener Unterlippe und zum Gebet gefalteten Händen. Ich müsse diese armen traurigen, einsamen Wesen retten. Ich müsse sofort alle Tierheime des Landes abklappern. Am besten mit einem Lkw.

Können Sie sich mein Dilemma vorstellen? Hätte ich nein gesagt, ich hätte mich als herzloses Monster geoutet. Noch schlimmer, als die Mutter, die ihren Kindern in den Achtzigern keinen Wauzi gekauft hätte. Die etwas Betagteren unter uns erinnern sich an die

Stoffhunde in Pappkartons mit aufgemalten Gitter-
stäben und dem Werbeslogan: «Wir sind die Wauzis,
haben keine Mama, haben keinen Papa, niemand hat
uns lieb.» Ich weine allein schon, wenn ich mich daran
erinnere, und jetzt sollte ich selbst so ein Monster sein?
Wo es sich hier doch sogar um echte, lebendige Tiere
handelte. Das Kinderherz in mir wollte sofort zur Tat
schreiten und nach Straßenkarten und Lkw googeln.
Nun bin ich aber mittlerweile dingsunddreißig Jahre
alt. Erwachsen. Berufstätig. Mutter zweier Kinder und
dauermüde. Und Alter und Müdigkeit sind leider die
Feinde des Idealismus. Das ist bekannt. Ich bin da keine
Ausnahme. Es ist mir nicht möglich, alle zu retten. Weder Herbert, noch Kitty. Und auch Volker muss ohne
meine Hilfe glücklich werden. Alles Gute für euch!

Heutzutage stehe ich der Anschaffung von Haustieren tatsächlich sehr viel kritischer gegenüber, als
meine Mutter vor dreißig Jahren. Offensichtlich habe
ich aus meinen Kindheitserfahrungen gelernt. Mein
Sohn ist fünf Jahre alt. Fünf Jahre alt war ich bei dem
Drama um das fliegende Meerschweinchen, und dummerweise kommt der Junge nach mir. Ich möchte nicht
noch ein Tier auf dem Gewissen haben. Auch nicht in-
direkt durch die Erschaffung eines fünfjährigen Meer-
schweinchen-Mörders. Außerdem bin ich mittlerweile
davon überzeugt, dass sich Tiere weder in Käfigen noch

in ungeschickten Kinderhänden wohlfühlen. Und wer würde die Käfige ausmisten, das Futter kaufen und die Leichen begraben? Das wäre dann ich. Nein danke. Ich habe schon zwei Tiere, äh, Kinder.

Andererseits verstehe ich natürlich die Sehnsucht nach einem lebendigen kleinen Freund. Tiere lehren Kinder auch Verantwortungsgefühl und Pflichtbewusstsein. Überhaupt üben Tiere einen pädagogisch sehr wertvollen Einfluss aus. Das kann man überall nachlesen. Das ist bewiesen. Und als Mutter will ich ja nur das Beste für meine Kinder. Alle pädagogisch wertvollen Einflüsse bitte hier entlang. Also schenkte ich den Kindern alle Vögel, Eichhörnchen und Insekten in unserem Garten. Niemand kann behaupten, ich sei nicht großzügig. Leider lassen sich diese flinken Biester weder streicheln, noch kämmen oder dressieren, sodass mein Geschenk nicht den gewünschten Effekt hatte. Sie wollten immer noch ein Haustier. Eins, das man streicheln konnte. Meinen Einwand, Wollmäuse fänden sie unter ihren Betten, und die seien richtig schön flauschig, ließen sie in Ermangelung von Lebendigkeit und erhöhtem Igitt-Faktor leider auch nicht gelten. Ein echtes, zahmes Haustier sollte es sein. Nachdem ich mich über diverse Nagetiere erkundigt hatte und diese allesamt für nicht geeignet befand (beißen, kratzen, leiden in Käfighaltung, gründen Großfamilien, können nicht fliegen) und Vögel direkt ausschloss (flattern wild herum und haben eklige Krallen), fand ich das fast perfekte Tier: die Schildkröte. Schildkröten sind durch ihren harten Panzer recht robust, sie sind langsamer als meine Kinder und dadurch fluchtuntauglich, sie machen keine Geräusche, und im Winter schlafen sie gechillt im Gemüsefach des Kühlschranks. Generell sind mir Tiere, die im Winter schlafen oder sogar erstarren, total sympathisch. Die machen einfach alles richtig. Gut, Schildkröten werden sehr alt. Aber auch das hat Vorteile: Erstens muss ich nicht ständig Totengräber spielen, und zweitens können Schildi und ich in dreißig Jahren zusammen im Garten sitzen und uns ganz nostalgisch daran erinnern, wie schön es war, als die Kinder noch klein und unsere Gelenke noch geschmeidig waren.

Warum die Schildkröte dann doch nur fast perfekt ist? Sie hat keine Flügel, und falls mein Sohn sie je mit einer Frisbee verwechselt, kommen wir endgültig alle in die Hölle.

PAMELA, DAVID UND DAS HÖLLENBAD

Ertrinken ist die häufigste Unfallursache mit Todes-
folge bei Kindern bis fünf Jahre, die zweithäufigste
bei älteren Kindern. Ich bekomme Panikattacken und
Krämpfe im Herzen bei dem Gedanken, dass eines
meiner Kinder ertrinken könnte. Kinder strampeln
nicht oder schreien, wenn sie ertrinken, sie gehen laut-
los unter. Deswegen hat es bei mir höchste Priorität,
dass meine Kinder schwimmen lernen. Es gibt nur ein
Problem: ICH HASSE SCHWIMMBÄDER!

«In welches Bad geht ihr denn zum Schwimmkurs?» –
«Der Herr Hasselhoff ist der beste Schwimmlehrer.
Wenn du bei dem einen Platz bekommst: Jackpot.» –
«Habt ihr euch schon für den Wasserfrosch angemeldet,
oder macht ihr gleich das Seepferdchen?» – «Morgen
früh um sieben beginnt die Online-Anmeldung für die
neuen Einsteiger-Schwimmkurse. Da musst du richtig schnell sein. Wir haben schon vier Kannen Kaffee
gekocht, um die ganze Nacht vor dem Computer zu
campieren.»

Lange lebte ich in dem Glauben, es wäre *meine* Aufgabe, dem Kind das Schwimmen beizubringen. In meiner Kindheit waren Schwimmkurse nämlich noch kein großes Thema. Für meine Seepferdchen-Prüfung meldete mich mein Bruder an, als ich sechs Jahre alt war, indem er mich im Vorbeigehen ins tiefe Becken des örtlichen Schwimmbads schubste. Während das Drama seinen Lauf nahm, schlief mein Vater seelenruhig auf einem Liegestuhl ein paar Meter weiter – hätte auch schiefgehen können. Dann könnten Sie dieses Buch jetzt nicht lesen, und das wäre doch schon ein bisschen traurig. Aber ich hab's überlebt. True Story. Seepferdchen geschafft. Allerdings nicht zum Nachmachen geeignet. Noch heute schwimme ich wie ein versehentlich ins Wasser gefallener Bernhardiner – mit allen Gliedmaßen rudernd und verzweifelt fiepend.

Meine Tochter war ungefähr fünf Jahre alt, als die Eltern ihrer Kindergartenfreunde anfingen, mich mit den obigen Sätzen zu beschallen. Ich war hoch interessiert. Meine Kinder sollten besser gestern als heute mit dem Gold- und Rettungsschwimmerabzeichen am Beckenrand stehen. Und ich würde dafür nicht mal den kleinen Zeh ins Wasser stecken müssen? Ich müsste nicht ins Becken? Ich müsste nicht mal ins Schwimmbad? Ich könnte das Kind David Hasselhoff oder auch Pamela Anderson am Eingang an die Hand geben und mich verabschieden? Phantastisch! Auf zu Schwimmlehrer Hasselhoff!

Weniger phantastisch ist leider die große Lücke, die in Sachen Schwimmkurs zwischen Angebot und Nachfrage klafft. Ernsthaft, einen Platz in einem Schwimmkurs zu ergattern, ist schwieriger, als an eine Audienz bei der Queen zu kommen. Und es ist in der Tat ratsam, sich bereits Stunden vor der Freischaltung der neuen Kurse mit mehreren Kannen Kaffee vor den Rechner zu setzen – jederzeit zum Klick bereit. Aber selbst dann ist es keine ausgemachte Sache, dass Sie den heißersehnten Platz für Ihr Kind ergattern. Denn da draußen gibt es immer Eltern, die schneller klicken als Sie. Oder solche, die mit dem Bademeister auf Du und Du sind. Oder solche, die schon mal ein Tête-à-Tête mit dem Bademeister hatten – nur meine bescheidene schmutzige, kleine Vermutung. Letztlich ergatterte ich einen Patz für meine Tochter. Aber wegen meines zu langsamen Klickfingers und meines sexuellen Nichtinteresses an Bademeistern fand der dazugehörige Kurs samstagmorgens statt. Um 8:00 Uhr. Im November. Wenn es morgens stockdunkel und bitterkalt ist und ich hundemüde bin. Ich gebe zu, Letzteres trifft auf eigentlich jede Jahreszeit zu.

Zukünftig fand ich mich samstagmorgens auf der kalten Fliesenbank eines schmuddeligen Hallenbades wieder, das seine beste Zeit um 1975 hinter sich gelassen hatte. Es klappte nämlich nicht, das Kind durch das Drehkreuz ins Schwimmbad zu bugsieren und dann die Biege zu machen. Mama sollte dableiben. Mama sollte am Beckenrand sitzen. Mama sollte eigentlich sogar mit ins Becken springen – fand das Kind. Der Schwimmlehrer war zu meinem Glück anderer Ansicht und wies die Eltern herrisch an, vom Wasser wegzubleiben. So saß ich also müde, verfroren und selbstmitleidig am Rand eines nach Chlor stinkenden Pipiwasserbeckens und sah meiner Tochter dabei zu, wie sie für ihr Seepferdchen übte. Ganze zehnmal in Folge saß ich da. Das ist auch so ein Aspekt, der bei der Kinderplanung nicht erwähnt wird. Alle sprechen von kleinen Füßchen, niedlichen Babygesichtern und überbordender Liebe – Chlor, Waschbeton und eiskalte, dunkle Novembertage bleiben unerwähnt. Wahrscheinlich aus gutem Grund – um die Menschheit vor dem Aussterben zu bewahren.

Nach Ablauf der zehn Wochen durfte meine Tochter stolz ihr Seepferdchenabzeichen entgegennehmen. Also, nicht. Leider. Durchgefallen. Zu meinem vollsten Verständnis. Fünfundzwanzig Meter am Stück schwimmen gelingt auch mir nur an sehr guten Tagen. Auch Tauchen war und ist meine Sache nicht. Warum einen Plastikring vom Boden des Beckens holen und sich mit Schrumpelfingern wieder heraushieven? Wenn er wenigstens aus Gold und von Tiffany, als Ersatzreifen für meinen Wagen geeignet wäre oder anderweitig einsetzbar. Das Kind hatte sich redlich bemüht, und mein Mitgefühl war ihm sicher. Weniger sicher konnte es sich meiner Anwesenheit bei zehn weiteren Stunden Schwimmkurs sein. Das hätte ich einfach nicht gepackt. Seelisch. Ich beschloss, die noch ausstehenden Schwimmzüge für das heißersehnte Abzeichen würde meine Tochter von mir lernen. Die Technik hatte sie inzwischen ja verstanden, jetzt ging es nur noch darum, das Gelernte zu verinnerlichen und zu üben. Viel zu üben. Und da wir – wer hätte es gedacht? – keinen eigenen Pool im Keller haben und sich auch die Badewanne als ungeeignet entpuppte, mussten wir wohl oder übel ein Schwimmbad aufsuchen. Würg. Aber da musste ich jetzt durch. Das Kind sollte lernen, nicht zu ertrinken – wovon auch ich mittelbar profitieren würde – die liebe Seele, Sie verstehen, dann hat sie Ruhe und so.

Wir packten also unsere Siebensachen (in Wahrheit wie immer siebentausend Sachen) und fuhren mit den Kindern ins Schwimmbad. Im Schwimmbad angekommen, entschieden wir uns für eine Familienumkleidekabine. Auf diese Weise hatten mein Mann, die Kinder und ich das zweifelhafte Vergnügen, uns auf einem

Quadratmeter gegenseitig in Badebekleidung zu pressen. Sowieso ein ganz zauberhafter Ort. Meine persönlichen Umkleidekabinen-Top-3: Ich überspringe Platz 3 und 2 (seltsamste Verschließtechniken der Kabinen und fremder Leute Haare auf dem Fliesenboden) und komme direkt zu Platz 1: das Licht in Schwimmbadumkleidekabinen. Das Licht in Schwimmbadumkleidekabinen lässt jeden Quadratzentimeter des menschlichen Körpers aussehen, als wäre er schon vor Monaten abgestorben: Adern, Flecken, Krater, Dellen, Hubbel und eine wächsern gelbe Hautfarbe. Das ist es, was einem die Spiegel in diesen Kabinen erbarmungslos zeigen. Zumindest in meinem Fall. Und das auch noch von allen Seiten. Das Beste ist, man schließt während des gesamten Umkleidevorgangs die Augen und betet, angemessen spärlich bekleidet die Schwimmhalle zu betreten. Wo dann auch alle anderen Menschen sind. Spärlich bekleidete Menschen. Ich finde ja, der Mensch im Allgemeinen ist wirklich nicht gerade die schönste Art im Tierreich, vor allem nicht, wenn er ausgezogen daherkommt. Ich möchte bis auf wenige Ausnahmen andere nicht ohne Kleidung sehen. Fast alle anderen Säugetiere haben ein Fell. Warum nicht wir? Das ist eine super Sache. Pferde sehen zum Beispiel immer ästhetisch und anmutig aus – auch im Schwimmbad. Leider wird mir in diesem Leben kein Fell mehr wachsen,

und leider kann man nicht den kompletten Schwimm-
badaufenthalt mit geschlossenen Augen herumlaufen,
insbesondere dann nicht, wenn man Kinder beaufsich-
tigen muss. (Nein, Papa, das geht wirklich nicht. Ich
hätte sterben können.)

Aber besinnen wir uns wieder auf das Wesentliche:
das Schwimmen. Dazu muss man im Idealfall ins Wasser. Ins kalte Wasser. Ich weiß ja nicht, wie es Ihnen
geht, aber sobald ich mich in einem Schwimmbecken
aufhalte, sinkt meine Körpertemperatur innerhalb von
Sekunden auf die von Olaf dem Schneemann. Das Wasser ist einfach viel zu kalt für mich. Warum heizt man
es nicht auf kuschelige 36 Grad auf? Gegen die Eises-
kälte (28 Grad) hilft nur eins: Bewegung. Die Tochter
und ich schwammen also los. Im Stile ähnlich, nur
war sie ein wenig schneller als ich. Und wendiger. Was
von großem Vorteil ist, wenn man sich das Becken mit
unzähligen anderen Schwimmern teilen muss. Es gilt
nämlich, fremden Gliedmaßen geschickt auszuwei-
chen. Passt man nicht ausgesprochen gut auf, hat man
schnell mal den Fuß des Vordermanns im Gesicht. Den
nackten Fuß. Den nackten Fuß, der einen Meter zuvor
ein Blasenpflaster verloren hat, das dann bedrohlich
auf einen zutreibt. Brrrrrrrr! Habe ich schon erwähnt,
dass ich Schwimmbäder hasse? Und das Becken für
die Schwimmer mit all den Füßen und Pflastern ist

nicht einmal der unangenehmste Teil. Das ist nämlich das Babybecken. Zwar ist es ein wenig wärmer, dafür aber auch deutlich überbevölkert. Und damit meine ich nicht die vielen kleinen Kinder und deren erwachsene Begleiter. Nein, ich spreche von den Bakterien. Denn minütlich plätschern dort gelbe Bächlein aus Kinderbadehosen und vermischen sich mit der warmen Brühe. Manchmal wird das Wasser im Becken auch braun, dann heißt es, sofort raus da und abwarten, während Pamela oder David mit dem Kescher und einer Flasche Chlor hantieren. Danach kann die Bakterienparty munter weitergehen. Ich jedenfalls glaube nicht daran, dass Chlor Abwasser in Quellwasser verwandelt. Mich verarschen die nicht. Nach einer knappen Stunde im Schwimmbad hatten Übelkeit und Juckreiz ein unerträgliches Level erreicht. Abbruch! Ich musste da raus! Sollte doch jemand anderes dem Kind das Schwimmen beibringen. Der Vater zum Beispiel. Der fängt sich im Wasser wenigstens keinen Vaginalpilz ein.

Nach dem «Badespaß» standen Duschen, Abtrocknen und Umziehen an. Ein mehrstündiges Drama in drei Akten. Meine Kinder finden Duschen überflüssig. Chlor und Bakterien stören sie nicht im Geringsten. Während ich nach einem Aufenthalt im Schwimmbad davon träume, dass mich jemand mit Sagrotan und einem Hochdruckreiniger abkärchert, kauen sie stoisch auf ihren Badelatschen und wälzen sich genüsslich auf dem Boden der Schwimmbadtoilette. Ekel ist für sie ein Fremdwort. Und so nahm das Schauspiel seinen Lauf. In den Hauptrollen: zwei glitschige Kinder und eine geplagte Mutter. Schauplatz: die Gemeinschaftsduschen. Bewaffnet mit Duschgel, Waschlappen und Nagelbürste stürzte ich mich in den Kampf mit den vielarmigen Bakterienkindern – und erlitt eine klägliche Niederlage. Sie flutschten mir schlicht durch die schäumenden Hände. Zweiter Akt: Nun galt es, die semisauberen und durch das Wasser aufgequollenen Kinderkörper in der winzigen Umkleide in ihre Kleidung zu kämpfen – noch immer gebeutelt von der Niederlage in der Gemeinschaftsdusche, verzichtete ich auf die Hälfte der üblichen Winter-Bekleidung. Dritter und letzter Akt: Die Kinder dazu bringen, bei tropischen Temperaturen unter dem Heißluftgebläse stehen zu bleiben. Spätestens danach wusste ich, warum es SchwimmSPORT heißt. Nassgeschwitzt, heißhungrig und pilzbefallen kamen wir nach einer Stunde Schwimmen und drei Stunden Umkleidespaß zu Hause an. An jenem Abend schwor ich mir, nie wieder ein Schwimmbad zu betreten.

Bis ich erfuhr, dass Kinder frühestens ab dem Erlangen des Bronzeabzeichens einigermaßen sicher schwimmen können und erst dann das Risiko zu ertrinken rapide abnimmt. Nach Überprüfung dieser Information fuhr ich in die Stadt, kaufte eine Dauerkarte fürs Schwimmbad, einen Neoprenanzug und eine Palette Sagrotan – für meinen Mann.

WACKELZAHNPUBERTÄT, ODER: WIE ENTSCHÄRFE ICH EINE BOMBE?

Die Wackelzahnpubertät ereilt Kinder oder, besser, deren leidgeprüfte Eltern zwischen dem fünften und siebten Lebensjahr des Nachwuchses. Die Zähne des Kindes fallen aus, die Gliedmaßen wachsen in erschreckendem Ausmaß, es bildet sich der Wille aus, und im Köpfchen herrscht Chaos. Experten verfassen ganze Bücher zu diesem Thema, das Internet ist voll von Horrorgeschichten über diese Phase, und ich hatte natürlich noch nie etwas davon gehört.

Pubertät, ja, die kenne ich. Ich war da. (Fragen Sie mir anverwandte Personen.) Ich bin da sogar immer mal wieder. (Fragen Sie mit mir verheiratete Personen.) Aber die setzt erst mit circa zwölf Jahren ein und endet ... bisweilen nie so ganz. (Fragen Sie fünfundvierzigjährige Männer im Porsche Cabrio mit Mickymaus-Socken und fragwürdiger Gesichtsbehaarung.) Wackelzahnpubertät? Die war mir neu. Zum Glück habe ich Kinder, und die zeigten mir dann, was genau damit gemeint war.

Weil ich ein effizientes Mädchen bin, habe ich meine Kinder in kurzem Abstand bekommen, sodass sie sich gleichzeitig in diesem phantastischen Zahnlücken-alter befanden. Hurra. Zuvor waren sie gleichzeitig im phantastischen Trotzalter und davor gleichzeitig im phantastischen Ich-verschlucke-Lego-Kleinteile-und-stürze-mich-ungebremst-Treppen-hinunter-Alter. Phantastisch, phantastisch, phantastisch, dreimal phantastisch. «Es ist nur eine Phase» – dieser Satz rauscht seit Jahren in Endlosschleife durch meine Hirnwindungen.

Was aber passiert in der Wackelzahnpubertät?

Mit Stimmbruch, eher schwierigem Körpergeruch und Pickeln hat das noch nichts zu tun. Vielmehr ist es so, dass die Kinder in eine neue Lebensphase eintreten. Ihre Körper strecken sich, der letzte Kleinkindspeck schmilzt dahin, sie werden selbständiger, die Schule beginnt, und Eltern fangen an zu nerven. Eltern nerven mit Vorschriften zur Körperhygiene («Nein, einmal die Woche Zähne putzen genügt nicht»), mit der Anwei-sung, das Zimmer aufzuräumen («Nein, ‹ABER MIR GEFÄLLT ES SO!› ist kein valides Argument»), mit Hausaufgaben und allerlei anderen (völlig unnützen) Regeln. Regeln sind für das sechsjährige, fleißig Synapsen bildende, selbständig denken wollende Kinderhirn der Feind. Und dem Feind begegnet man am besten mit Widerstand. Da die Wackelzahnpubertät aber offenbar auch paranoid macht, begegnet das Kind nicht nur Regeln, sondern pauschal allem und jedem mit Widerstand. Ob Feind ob Freund – wozu auch differenzieren? Lieber allen so richtig auf die Fresse geben. Prophylaktisch. Sie verstehen.

«Immer ich!»

«Waaaruuuuuum?»

«Ich will aber nicht!»

«Das ist ungerecht!»

«Alle anderen dürfen das aber auch!»

«BLÖDE MAMA! BLÖD, BLÖD, BLÖD!!!»

Wenn Sie sich diese Sätze mehrmals täglich anhören müssen, dann ist Ihr Kind in der Wackelzahnpubertät. So simpel ist das. Die Diagnose ist ja auch nicht das Problem. Das Problem ist die Behandlung. Tja, und dabei kann ich Ihnen wirklich nicht helfen. So sorry. Ich habe es mit Verständnis versucht, mit Gesprächen, mit Bestechung, mit «Ich zähle bis drei ...» (meine Kinder wissen leider, dass ich auch bis drei Millionen zählen könnte, und es würde nichts passieren) und sogar mit Fernsehverbot, das ich nach spätestens zwanzig Minuten meist wieder vergesse.

Ich war verzweifelt. Zermürbt durch ständiges Angeschrien-Werden, genervt von der dauernd herrschenden Null-Bock-Stimmung, verärgert und traurig über meine Rolle als doofe Mama. Bis mir durch Zufall ein behördlicher Leitfaden für das Verhalten bei Bombendrohungen in die Hände fiel. Ich war sofort Feuer und Flamme. Konnte das die Lösung für all meine Wackelzahnpubertätsprobleme sein? Denn nichts anderes stellt ein sechsjähriges Kind in der Wackelzahnpubertät her: eine permanente Bedrohungslage. Es ist jederzeit kurz davor zu eskalieren. Zu explodieren.

Ein neuerlicher Ernstfall ließ dann auch nicht lange auf sich warten. Aber diesmal war ich bereit, ich war gerüstet, den papierenen Leitfaden fest in den zittrigen Fingern.

1. Dem Aggressor aufmerksam zuhören

Ich hörte mir aufmerksam und mit gelegentlichem Kopfnicken einen laut vorgetragenen («vorgeschrienen» gibt es nicht, habe im Duden nachgelesen, wäre aber passender) Monolog an, über die himmelschreiende Ungerechtigkeit meiner bescheidenen Forderung, man möge bitte keine verderblichen Lebensmittel in seinem Zimmer horten, die würden dann zwar recht schnell pelzig werden, allerdings nicht im niedlichen Haustier-Sinne.

2. Nicht unterbrechen

Das hätte ich mich sowieso nicht getraut. Wie auch? Der Redefluss glich einer reißenden Strömung. Laut, grollend und gewaltig. Da war kein Durchkommen. Ich beließ es also beim Nicken.

3. Sofort Notizen machen

Mist, Mist, Mist. Ich hatte keinen Stift. Da musste ich mich das nächste Mal unbedingt besser vorbereiten. Wobei ich mir die Details bisher auch noch gut ohne Mitschrieb merken konnte. (Doofe Mama, alle anderen Kinder dürfen Gulasch im Kinderzimmer aufbewahren, nie darf ich was, Mimimimimi.)

4. So viele Informationen wie möglich gewinnen

Ja, okay. Das klappte. So viele Informationen gab es ja nicht. Sie wurden nur immer wieder in unterschiedlichen Ton- und Heullagen vorgetragen. Das Wesentliche hatte ich mir unter Punkt 3 schon gemerkt.

Das war der erste Teil des Leitfadens. Mit einem vorsichtigen Seitenblick auf die einzelnen Punkte, befand ich mich als ganz passabel. Okay, mein Nacken tat vom vielen Nicken etwas weh, und in meinen Ohren piepte es unangenehm, aber so weit, so gut. Laut Teil zwei des Leitfadens sollte ich nun in Aktion treten:

1. «Wo befindet sich die Bombe?»
Tja, da guckte das Kind aber plötzlich komisch. Welche Bombe? Es ging doch um Gulasch. Im Kinderzimmer. Der Monolog fing also von vorne an. Semioptimal.

2. «Wie sieht die Bombe aus?»
GULASCH, MAMA. GULASCH!!!

3. «Warum haben Sie die Bombe gelegt?»
Und jetzt, Elternschaftsgenossen, passierte es. Das Wunder. Das Kind schaute mich an, es schüttelte den Kopf und verließ den Raum. Gulasch- und geräuschlos.

Es funktionierte! Die Gefahr war gebannt. Keine Verletzten. Nur Verwirrte. Hielt ich etwa den Heiligen Gral zur Lösung aller elterlichen Probleme in Händen? War Verwirrung stiften tatsächlich das Rezept, um die Wackelzahnpubertät zu überleben?

Wäre ich jetzt völlig herz- und gewissenlos, würde ich die Arme in die Luft reißen, «Yippie Yah Yei, Schweinebacke» schreien und stolz meinen Sieg feiern. (Okay, der infantile Teil in mir tat das auch ein klitzekleines bisschen.) Aber mal ernsthaft: Niemand hat gerne schlechte Laune, niemand motzt gerne, niemand ist gerne muffelig. Gut, manch einer vielleicht schon, aber Kinder doch nicht. Kinder sind gerne fröhlich, Kinder wollen spielen, tanzen, singen, lachen, hüpfen. Kinder wollen Harmonie. Kinder wollen Friede, Freude, Eierkuchen (mit Marmelade). Sie haben sich das Gefühls- und Hormonchaos in sich nicht ausgesucht. Verwirrung hilft ihnen auch nicht weiter, Verwirrung hat sich schon genug in ihren Köpfen breitgemacht. Da braucht nicht noch irgendein Clown mit einem Zettel kommen und über Bomben referieren. Auch kein Mama-Clown. Auch kein Papa-Clown. Wir Erwachsenen müssen den Clown beiseiteschubsen und helfen, die Verwirrung zu beseitigen, das Gefühlsknäuel zu lösen. Und natürlich ist das schwierig. Total sogar. Aber es hat auch niemand behauptet, Elternschaft wäre einfach. Akzeptieren Sie, dass es für die Wackelzahnpubertät keine Heilung gibt – bis sie sich von alleine heilt. Sie können nur unterstützen. Durch Aushalten. Durch Verständnis. Durch da sein. Und natürlich durch Liebe. Die gute alte Liebe. Die ist nämlich der wahre Heilige Gral der Erziehung.

F*** OFF,
SUPERWOMAN

WHAT A DAY

Aufstehen, duschen, anziehen, Kinder wecken, Kaffee. Kinder lauter wecken, Kinder in Kleidung kämpfen, Kinder befrühstücken, falsche Tasse, Geschrei, Tränen, Kaffee. Zähne putzen, Jacke, Schal, Schuhe. «Will nicht», Kita, Schule, Punkt. Es ist 8:00 Uhr. Ich fahre zur Arbeit.

Der erste Anruf: Kollegin krank, Vertretung, Arbeit, Arbeit, Arbeit. Kaffee kalt. Nebenbei die Einkaufsliste schreiben. Ob es den Kindern gutgeht? Telefonate, noch mehr Telefonate, Menschen, Entscheidungen. Professionell sein, konzentriert, halb eins. Der Rest muss bis morgen warten.

Schnell noch zum Supermarkt. Mal wieder was Gesundes? Mit Gemüse? Essen die Kinder eh nicht. Also Spaghetti. Schnell, schnell, schnell. Schnell nach Hause fahren. Frühstück abräumen, Spülmaschine anschmeißen, Einkäufe verstauen, Hunger. Brezel von gestern, weiter geht's.

Kita: Sohn hat sich geprügelt, Gespräch mit Erzieher,

Kind guckt unschuldig. «Vergessen Sie die Schmutzwäsche nicht», Tomatensuppe auf T-Shirt.

Schülerhort: «Mama, das Essen hat nicht geschmeckt», «Ich hab Hunger», «Was machen wir heute?», «Darf ich mich verabreden?» Nach Hause fahren.

Zu Hause: Online ein Geburtstagsgeschenk für die Schulfreundin der Tochter bestellen, Hausaufgaben, keine Lust, Geschrei, geht nicht anders. Sohn spielt Blockflöte, Tochter kann sich so nicht konzentrieren, Streit, Kampf, Tränen, Mama schreit. Los jetzt! Fußballtraining. Tochter will nicht, Wutanfall, Diskussionen, Tränen, Bestechung, Fußball. Trinkflasche vergessen, noch mal zurück.

Sporthalle: Sohn traut sich nicht, Tochter motzt, Mama kickt, Mama will Schnaps. Fußballmütter, Smalltalk, Käsefußgeruch. Endlich nach Hause.

Abendessen kochen: «Ja, ihr dürft fernsehen», Geschrei, Klopperei, endlich Peppa Wutz. WhatsApp vom Mann, Überstunden, «Es wird spät», Essen ist fertig. «Nein, nicht vor dem Fernseher», «Nein, wirklich nicht», blöde Mama, wütende Gesichter, Essen schmeckt nicht, Wurstbrote. «Mama, ich muss Stinker», «Nein, nicht alleine», warum immer beim Essen? Nachtisch? Na gut. Schokoflecken auf der Couch.

Baden: Nein, doch, nein, doch. Drohungen, Bestechung, Badewanne, Wasserschlacht. Kommt raus. Nein, doch, nein, doch, Drohungen, Bestechung, Schlafanzug. «Mama, ich bin gar nicht müde.» Vorlesen, plappern, plappern, plappern, kuscheln, lachen, küssen. «Mama, bleib da.» Warten, bis die Kinder eingeschlafen sind, rausschleichen, Küche aufräumen. Schnell noch die Wäsche machen, dem Mann einen Zettel schreiben: «Bitte den Müll rausstellen.» Versuch, mit Freundin per SMS eine Verabredung klarzumachen, vielleicht in zwei Monaten, abschminken. Noch etwas lesen, nach einer halben Seite einschlafen. Kind ruft, will ins Elternbett, Mann ist wieder da, gar nicht gemerkt. Kind legt sich auf mich. Gute Nacht.

PIEP!

An meinem Schlüsselring hängen vier Schlüssel – einer für die Haustür, einer für die Garage, einer für das Fahrrad und einer für das Büro. Dazwischen baumelt ein langes türkisfarbenes Lederband, auf dem «Schlüssel zum Glück» eingraviert ist.

Den Schriftzug «Schlüssel zum Glück» finde ich kitschig, aber ich mag Türkis, und der Schlüsselbund ist in meiner Handtasche so leichter zu finden. Ich muss nur an dem Band ziehen, und schon habe ich ihn. Es hing auch mal ein bronzefarbener Elefant an meinem Schlüsselring, den ich in Thailand gekauft hatte. Irgendwann habe ich ihn verloren. Schade, ich mochte den Elefanten. Er hat sich wohl selbst befreit. Ich wünsche ihm ein schönes Leben.

Dann ist da noch der etwa Fünfmarkstück große, schwarze Plastikchip, der an meinem Schlüsselbund baumelt: der Arbeitszeiterfassungschip. So nenne ich ihn zumindest. Ich weiß nicht, ob das sein offizieller Name ist. Könnte aber sein. Es klingt doch sehr behördlich. Arbeitszeiterfassungschip. Wenn ich morgens das Büro betrete, halte ich ihn an ein kleines Kästchen.

Piep.

Mittags, bevor ich gehe, mache ich das noch mal.

Piep.

Das Kästchen zählt die Stunden und Minuten meiner Anwesenheit im Büro. Selbstverständlich entspricht die Anwesenheit auch meiner tatsächlichen Arbeitszeit. Selbstverständlich. Morgens zeigt mir die Uhr minus vier Stunden und sechs Minuten an. Mittags null. Das ist der beste Moment des Tages. Ich habe genug getan. Endlich sagt es mir mal jemand. Danke, Kästchen!

Aber wissen Sie, ich habe ein Problem mit meinem Gewissen. Ständig quält es mich. Weil ich nicht genüge. Ständig bin ich zu wenig. Nicht gut genug. Als Mutter, als Arbeitnehmerin, als Autorin, als Ehefrau, als Freundin, als Mensch. Überall sitze ich nur auf einer Arschbacke, stets bereit aufzuspringen, um mich einem der anderen Lebensbereiche zu widmen, die um meine Aufmerksamkeit buhlen. Nichts mache ich zu hundert Prozent. Ich bin zum Beispiel nicht voll berufstätig: «Du gehst schon wieder?» – «So möchte ich auch mal arbeiten.» – «Du bist ja nie da!» Sätze, die mich begleiten. Sätze, die ich höre, nachdem ich morgens meine Kinder in den Kindergarten gebracht habe. In die Ferienbetreuung. Zur Oma. Damit ich arbeiten gehen kann. In Teilzeit. Damit ich meine Kinder betreuen kann. In Teilzeit. Damit ich schreiben kann. In Teilzeit. Nie Vollzeit, nie ganz, nie mit zwei Arschbacken. Und dieses nie ganz, das ist der Feind. Das Unzureichende. Das zieht die Blicke auf sich. Die Blicke, die viele Frauen verfolgen, wenn sie das zehn Monate alte Kind in die Kindertagesstätte bringen. Das weinende Kind. Das nach Mama weinende Kind. Die Blicke, die sie treffen, wenn sie pünktlich das Büro verlassen. In dem die Arbeit liegen bleibt und auf sie wartet. Dringende Arbeit. Die urteilenden Blicke und das nagende schlechte Gewissen, wenn man Tiefkühlkost für die Kinder kauft. Fischstäbchen. Weil die Zeit nun mal nicht ausreicht, um einen verdammten Lachs zu fangen und ihn zuzubereiten.

Die Blicke. Sind sie wirklich da draußen oder sind sie nur eine Projektion meines eigenen schlechten Gewissens? Spielt das eine Rolle? Eigentlich nicht. Sie treffen mich. Mein Gewissen, mein Herz. Schmerzhaft sind sie. Fiese kleine Stiche. Blickstiche in mein Herz. Also springe ich auf und renne durchs Leben. Ich renne, um vielleicht doch zu genügen. Damit die vierzig Prozent sich wie hundert anfühlen. Ich haste, ich ackere, ich gebe alles. Aber letztlich lässt sich die Zeit nicht austricksen, und wenn jemand an der Uhr gedreht hat, dann noch nie zu meinem Vorteil. «Keine Zeit, keine Zeit», ruft das weiße Kaninchen und kommt nie an, egal wie schnell es rennt. Mission impossible. Das schafft nicht einmal Tom Cruise. Es hilft auch nicht, wenn ich mir ein Superwoman-T-Shirt anziehe. Superwoman. Die gehört überhaupt abgeschafft! Niemand ist Superwoman. Niemand wird Superwoman sein. Superwoman gehört ins Reich der Phantasie. Fuck you, Superwoman! Fuck off mit den überzogenen Vorstellungen davon, was eine Frau alles sein kann. Sein soll. Da kommt keine von uns hin. Zeitlich gar nicht möglich. Emotional gefährlich. Lasst uns lieber Normalowomen sein! Mit unseren Unzulänglichkeiten, unseren Teilzeiten und unseren Fischstäbchen.

Und darum liebe ich den Anhänger und den Kasten. Sie piepen. Nach vier Stunden und sechs Minuten. Sie piepen mir eine Null entgegen. «Du hast genug getan. Du bist fertig für heute», piepen sie. Sie piepen mir das schlechte Gewissen weg. Wie schön wäre es, jeder hätte überall so ein Kästchen. Bei der Arbeit, den Kindern, im Haushalt. Überall. «Piep, du hast genug getan.» Und wie schön wäre es, das Kästchen wäre ein Mensch. Und das Piepen wäre ein Kuss und ein kühles Getränk.

HEUTE WEGEN ÜBERLASTUNG
LEIDER GESCHLOSSEN

Mental Load. Was ist das denn jetzt schon wieder, fragen
Sie. Ein neuer Modetrend? Spreche ich von einer neuen
Diät? Einer Yoga-Übung oder einem Erziehungskon-
zept? Nein, nichts dergleichen! Vielleicht haben Sie
noch nie von Mental Load gehört, aber bestimmt leiden
Sie darunter. Glauben Sie mir. Ich bin Frau Prof. Dr. Dr.
Mental Load. Ihre Expertin. Immer zu Diensten.

Mental Load bedeutet übersetzt so viel wie geistige
Belastung. Es geht also um den ganzen Mist, der einem
Tag für Tag im Kopf herumschwirrt. Besonders häufig betroffen: Mütter. In Mütterköpfen brummt und
summt es derart nervig und unaufhörlich, als würde ein
Schwarm Stubenfliegen im sommerwarmen Kinderzimmer über einem vergessenen Wurstbrot schwirren.
Und in Väterköpfen? Tja, sorry, da summt und brummt
es erwiesenermaßen eher weniger. Das Summen und
Brummen ist also völlig ungerecht verteilt. Dabei
wäre es so einfach: Mutterkopf und Vaterkopf ergeben

zusammen zwei Köpfe und damit pro Kopf nur noch fünfzig Prozent der Summerei. Das ist mathematisch simpel. Und in der Realität doch so kompliziert.

Beschäftigen wir uns aber erst mal damit, was da eigentlich im Kopf los ist. Was genau summt denn da? Sie sehen mich meine imaginäre Knochensäge zücken. Bitte schön. Ich öffne mal ganz freimütig meinen Kopf für Sie: Der Sohn braucht neue Socken, seine Hosen haben schon wieder Hochwasser. Ach, und der blaue DIN-A4-Umschlag für Deutsch fehlt auch noch. Das Mathematikbuch muss wieder in den Schulranzen, gestern war ja kein Mathe. Hat die Tochter eigentlich alle Hausaufgaben erledigt? Gleich mal kontrollieren. Zahnpasta ist auch leer. Heute Mittag Turnen. Wann war das noch mal? 14:30 Uhr, oder? Diesmal darf ich nicht vergessen, die Trinkflasche mit Wasser zu füllen. Einkaufen muss ich noch. Was soll ich kochen? Wieder Nudeln? Sollte ich die Kinder gesünder ernähren? Bestimmt. Ab morgen dann. Vielleicht höre ich dann auch auf, Fleisch zu essen. Der Umwelt wegen. Tierschutz. Da fällt mir ein, ich muss noch ein Geburtstagsgeschenk für den Freund des Sohnes kaufen. Was gefällt ihm wohl? Notiz: Mutter des Freundes des Sohnes anschreiben. Unbedingt muss ich auch mal die Impfpässe der Kinder checken. Wann war die letzte Auffrischung? Das Auto muss zum TÜV. Nicht vergessen: morgen gemeinsames Frühstück im Kindergarten. Paprika kaufen. Paprika sind gesund. Isst aber wieder keiner. Egal jetzt. Haben wir eigentlich eine Haftpflichtversicherung? Sollte ich überprüfen. Was war noch mal mit dem Wagen? Apropos sollen. Ich sollte meine Tante mal wieder anrufen. Und meinen Bruder. Die ganze Familie. Ein Fotobuch könnte ich machen. Zu Weihnachten. Wo feiern wir eigentlich dieses Jahr? Wie wäre es mal mit einem vegetarischen Braten. O nein, heute ist ja der Elternabend im Kindergarten ... Entschuldigen Sie das Durcheinander, aber Zeit für eine klare Abgrenzung zwischen zwei Gedanken habe ich leider nicht. Oder für vollständige Sätze. Sie meinen, diese Gedanken sind die Ausbeute eines Tages? Weit gefehlt. Das war ein Einblick in ganze sechzig Sekunden. Höchstens. Nebenher räume ich die Spülmaschine aus und schreibe fünf Textnachrichten. Das ist bei Ihnen auch so? Ja, das habe ich Ihnen doch gleich gesagt: Sie haben Mental Load!

Was nun? Arzt? Klinik? Müttergenesungswerk? Bleiben Sie ruhig! Ich bin ja da. Wir haben eine Diagnose. Das ist der erste Schritt auf dem Weg zur Besserung. Das Summen hat einen Namen. Schritt zwei: wütend werden. Aber so richtig. Geben Sie die Kinder vertrauensvoll für ein paar Stunden in die Hände anderer Erwachsener und eskalieren Sie so richtig. Schmeißen Sie Kissen durch die Wohnung, schreien Sie rum (ja, nehmen Sie auch die ganz wüsten Wörter in den Mund), lassen Sie die Löwin aus dem Käfig. Oder die Tigerin. Gerne auch die Eisbärin. Sie verstehen schon. Ich verspreche Ihnen: Es wird Ihnen bessergehen – jedenfalls für den Moment. Es mag sein, dass Sie nun das Verlangen verspüren, Ihren Partner anzugreifen – davon rate ich ab. Ich behaupte mal ganz dreist: Die meisten Männer denken nicht über Geburtstagsgeschenke und anstehende Arztbesuche nach. Nicht aus Boshaftigkeit. Sie haben es einfach nicht anders gelernt. Seit Tausenden von Jahren geht das schon so. Leider. Das ist ein soziologisches Problem. Männer haben angeblich keine trainierte Hirnregion für solcherlei Gedanken. Die muss erst aktiviert werden, und zwar von uns Frauen. Ja, scheiße. Wir müssen uns zusammensetzen und reden. Reden, Sie wissen schon, auch so eine Sache, die Beziehungen bereichert. Mein Rat: Schreiben Sie Listen und verteilen Sie die Last auf mehrere Schultern. Und nicht nur die tatsächliche Last. Nein, es geht um die unsichtbare, mentale Last und auch um die Last der Verantwortung. Das ist Arbeit. Harte Arbeit. Und es wird nicht von Anfang an klappen. Sorry, ich möchte Ihnen da echt keine falschen Hoffnungen machen. Aber bleiben Sie dran. Es lohnt sich. Lassen Sie sich nicht mit «Du kannst mir ja sagen, wenn ich etwas machen soll» oder «Du hättest doch fragen können» oder «Du bist doch sowieso nicht bereit abzugeben» abspeisen. Fordern Sie Gehirnschmalz. Der Mann soll mitdenken. Er soll nicht helfen, er soll nicht abnehmen. Er soll mental am Ball bleiben. Genau wie Sie. Das Schwierigste wird sein: nicht in alte Gewohnheiten zurückzufallen.

Auch ich kann mich nicht völlig davon frei machen, Dinge selbst erledigen zu wollen, weil ich dem Fehlschluss aufsitze, es ginge dann schneller, es würde besser klappen, nur ich könnte das Problem lösen. Mama-Superstar. Aus diesen urzeitlichen Denkmustern muss ich mich befreien. Denn es ist doch so: Nicht nur Frauen können, was Männer können, nein, auch Männer können, was Frauen können. Abgesehen von einigen biologischen Ausnahmen vielleicht. Einige der besten Menschen in meinem Leben sind Männer. Mein Ehemann ist zum Beispiel ein Mann. Oder mein Bruder. Mein Vater. Alles tolle Typen. Die können echt einiges. Und einen Mann haben ich und mein Mann sogar selbst gemacht. Einen kleinen. Einen besonders tollen. Und wir arbeiten täglich daran, dass sich seine Fürsorge-, seine Kümmerer-Gehirnregion prächtig entwickelt. Damit sich die Situation in Frauenköpfen von Generation zu Generation mehr entspannt und Männerköpfe in Zukunft besser mit dem Summen zurechtkommen. Damit sich das Summen irgendwann gerecht auf mehrere Köpfe verteilt und es immer leiser wird.

Bis der Overload vielleicht irgendwann ganz vergessen und nur noch in ein paar staubigen Büchern in einem hinterletzten Regal einer unbedeutenden Privat-Bibliothek zu finden sein wird. Ich denke, zusammen bekommen wir das hin. Aber eben wirklich nur zusammen. Immer nur zusammen!

PS: Ich habe Ihnen zwar gesagt, ich sei Expertin für Mental Load, ich sei Prof. Dr. Dr. Mental Load, aber in Wahrheit habe ich damit vielleicht ein wenig übertrieben. Ich habe höchstens das Seepferdchen in dieser Disziplin. Wenn Sie auf der Suche nach echten Expertinnen sind, dann schauen Sie bei Laura Fröhlich (heuteistmusik.de), Patricia Cammarata (dasnuf.de) oder Gemma Hartley (gemmahartley.com) vorbei. Dort finden Sie praktische und wissenschaftliche Wege aus der Summerei.

BLUMENKINDER

SELBSTHILFEGRUPPE
WELTRETTUNG

Stellen Sie sich einen karg eingerichteten Raum im Keller eines beliebigen Gemeindezentrums vor. Eine Gruppe von Menschen verschiedener Altersklassen sitzt in einem Stuhlkreis, einige halten Kaffeebecher in den Händen, einige knabbern an trockenen Keksen. Auf den ersten Blick erschließt sich nicht, was diese Leute da machen, was sie zusammenführt. Bis sich eine blonde Frau mittleren Alters (die dabei sehr jung aussieht) erhebt: «Hallo, ich heiße Marlene, und ich bin süchtig – nach Küchenpapier.» Applaus brandet auf, «Willkommen, Marlene!»-Rufe erklingen.

Das könnte die erste Szene in der Verfilmung meines Lebens sein. (Interessierte Filmproduzenten richten ihre Anfrage gerne an mich. Aber bitte nicht die Ferres als Marlene.) Seit ich Mutter bin, ist mein Verbrauch von Küchenpapier um tausend Prozent gestiegen. Ich habe Herstellern von Küchenrollen durch meinen überbordenden Bedarf Villen und Luxusschlitten finanziert, manchen wahrscheinlich sogar Koks und Nutten. Ich bin verrückt nach Küchenpapier. Küchenpapier eignet sich nämlich hervorragend, um auf die Schnelle Kinderkotze, verschüttete Getränke, Pippi neben der Toilette und halb zerkauten Nudelauflauf auf dem Fußboden zu beseitigen. Auch die Kinder selbst bekommt man damit ganz prima sauber. Schokomünder und Matschhände ade. Rotznasen bye-bye. Ich gebe es zu, in meiner schlimmsten Phase habe ich mir sogar manchmal mit Küchenpapier die Hände abgetrocknet. Ja, ich liebe Küchenpapier. Aber damit muss jetzt Schluss sein. Küchenpapier ist nämlich nicht nur super praktisch, sondern auch super schlecht für die Umwelt. Die Papierindustrie gehört laut Umweltbundesamt zu den fünf energieintensivsten Branchen in Deutschland. Zur Herstellung von Papier bedarf es einer enormen Menge an Wasser, Strom und Chemikalien. Und was wirklich erschreckend ist: Jeder fünfte Baum, der gefällt wird, verliert sein fröhliches Baumleben für die Herstellung von Papier. Ich mag Bäume. Nicht nur, weil sie schön aussehen und mir so manchen leckeren Apfel bescheren. Bäume produzieren Sauerstoff. Das ist diese Photosynthese-Sache. Sie erinnern sich? Biologie siebte Klasse? Nein? Ein Baum produziert am Tag Pi mal Daumen Sauerstoff für fünfzehn Menschen (Quelle: ZDFtivi, logo!). Nun muss ich sagen, ich für meinen Teil atme wirklich sehr gerne. Und richtig gut finde ich auch, wenn die Menschen atmen, die ich liebe. Meine Kinder sollen zum Beispiel noch viele, viele Jahre atmen können. Und wenn man sich das Baumsterben und die Sache mit dem Sauerstoff einmal durch den Kopf gehen lässt, dann fällt es gar nicht mehr so schwer, die Küchenrolle aufzugeben, oder? Es ist ja auch nicht so, dass es keine Alternative zum Einwegpapier gäbe. Die Kinderkotze muss trotzdem nicht für immer auf Ihrer Schulter kleben bleiben. Man kann einfach ein Stofftuch benutzen, einen Schwamm oder beliebigen Lappen. Das Zauberwort heißt: wiederverwertbar. Natürlich muss so ein Tuch gelegentlich gewaschen werden, dennoch belastet das die Umwelt weit weniger als ein Wegwerfprodukt.

Rein inhaltlich bin ich also überzeugt vom Küchenrollenverzicht, jetzt muss ich nur noch meinen Ekel vor bereits benutzten Tüchern in den Griff bekommen. Ich stelle mir beim Anblick von Schwämmen und Lappen ungezählte Bakterienfamilien vor. Widerliche, mikroskopisch kleine Wesen, die sich im dreckigen, feuchten Textil pudelwohl fühlen und nur darauf warten, auf meine Hände übersiedeln zu dürfen. Brrrrr! Allein bei der Vorstellung schüttelt es mich. Allerdings fasse ich ohne Ekelprobleme die Türklinke des Kindergartens an. Und die ist wahrscheinlich das Mutterschiff aller

Bakterien. Da wird ein Lappen mich doch nicht gleich umbringen?

Das Thema Umweltschutz wird seit einigen Jahren immer präsenter. In den sozialen Netzwerken tauschen sich Menschen über Zero Waste und Nachhaltigkeit aus, Schüler gehen auf die Straße und demonstrieren für den Erhalt unseres Planeten, und eine junge Frau sorgt mit ihren Forderungen zum Klimaschutz für Aufruhr unter alten weißen Männern in Chefsesseln. (Greta Thunberg, solltest du das hier lesen: Ich liebe dich.) Und auch als Mutter war ich plötzlich von allen Seiten mit dem Thema konfrontiert. Ich müsse Müll vermeiden, ich müsse auf mein Auto verzichten, ich müsse mein Konsumverhalten ändern. Puh, hat mich das anfangs genervt. Was sollte ich denn noch alles tun? Eine gute Mutter, Ehefrau, Freundin, Arbeitnehmerin und Autorin sein und jetzt auch noch die Welt retten? Mich setzte das unter Druck. Ich wollte mein Waschmittel nicht unter Zuhilfenahme von Kastanien selbst herstellen oder an meine Gäste Daunenjacken verteilen, um auf die Heizung zu verzichten. Ich war sowieso schon gestresst bis zum Anschlag; damit beschäftigt, Kinder durchzubringen, zu arbeiten und den Kopf über Wasser zu halten. Sollte doch jemand anderes Bienen züchten und Kröten über die Straße tragen. Ich hatte keine Zeit für so etwas. Und ja, ich war sauer. Wie viel Druck sollte denn noch auf die Schultern junger Mütter geladen werden? Ständig wurde mir vermittelt, nicht gut genug zu sein, jetzt auch noch deshalb, weil ich keine Stoffwindeln benutzte, das Auto nicht stehen ließ oder beim Discounter einkaufte. Ich sah überall Dogmen und Extreme.

Und dennoch: Mein Trotz ist Erkenntnissen gewichen. Nummer 1: Wirklich jeder kann etwas ändern. Dazu muss man sich nicht gleich radikalisieren. Niemand erwartete von mir, in eine Selbstversorgerkommune in Brandenburg zu ziehen und nur noch von Permakultur-Kohl und Spiritualität zu leben. Nummer 2: Es ist nicht schwer, den Alltag ein wenig umzustellen und umweltbewusster zu leben. Man kann sich einer Gruppe der Anonymen Küchenpapierabhängigen anschließen, Schritt für Schritt davon loskommen und anschließend einen Lappen benutzen. Hat man das erst mal geschafft, kauft man ein Stück Seife statt Duschgel in Plastikflaschen, benutzt häufiger das Fahrrad oder die eigenen Beine und gönnt dem Auto einen Tag Ruhe, verwendet Jute statt Plastik und Tupper statt Alufolie. Statt vier Spritzer Putzmittel reichen auch zwei, und für den Kaffee unterwegs nutzt man einen Mehrwegbecher. Ich könnte jetzt noch unzählige derartiger Ratschläge geben, aber das können andere viel besser als ich. (Fragen Sie einfach mal unseren Freund das Internet, das wartet mit tollen und leicht umsetzbaren Tipps auf.) Ich bin selbst noch Anfängerin beim Thema Umweltschutz. Und ich habe noch ein anderes Feld zu beackern. Es ist nämlich so:

«Hallo, ich heiße Marlene, und ich bin onlineshoppingsüchtig.» Es wäre schön, wenn Sie mir jetzt etwas Applaus spenden würden. Danke. Meine Shopping-Sucht beschränkt sich hauptsächlich auf Bekleidung, und das hat mein Algorithmus inzwischen auch verstanden. Ständig zeigt mir das Internet maßgeschneiderte Werbung für coole Hosen, Blusen oder Kleider, wodurch mein Begehren ständig aufs Neue geweckt wird. ICH MUSS KAUFEN! Auf meiner Schulter sitzt eine kleine Vogue-Moderedakteurin und flüstert: «Nur noch dieses Teil, dann bist du glücklich. Dann bist du perfekt. Dann bist du für jeden Anlass optisch gerüstet.» Die kleine Mode-Redakteurin verschweigt natürlich geflissentlich, was übermäßiger Klamottenkonsum mit der Umwelt macht. Für die Herstellung von einem Kilo Baumwolle – zum Beispiel für Jeans oder T-Shirts – werden zehntausend Liter Wasser benötigt (Quelle: umweltdialog.de). ZEHNTAUSEND LITER! Wie krass ist das denn bitte? Und nicht nur der hohe Wasserverbrauch ist belastend für die Umwelt. Für das Färben der Stoffe werden Chemikalien verwendet, die, haben sie einmal den Weg ins Abwasser gefunden,

Mensch und Umwelt massiv schaden können. Seit ich mir das bewusst mache, schaffe ich es immer besser, meinen Konsum zu reduzieren, beziehungsweise nachhaltiger zu konsumieren. Ich sage nur: Secondhand. Auf Flohmärkten finden sich die tollsten Schnäppchen. Mich macht ein Ausflug auf den Flohmarkt inzwischen richtig glücklich – insbesondere das Stöbern und Schätze-Finden, dazu spare ich Geld. Und erst die netten Begegnungen! Auch in Sachen Kinderkleidung finde ich Secondhand ideal. Schließlich wachsen Kinder in der Regel so schnell aus ihren Klamotten raus, dass sich Neuware finanziell nicht lohnt. Gebrauchte Kleidungsstücke sind oft mehrfach gewaschen worden und dadurch mit weniger Chemie belastet als erst kürzlich gefärbte und behandelte Produkte. Auch meine Kinder lieben Flohmärkte. Sie dürfen selbst aussuchen, was ihnen gefällt, und finden neben den Klamotten, die sie dringend brauchen, noch ein Buch oder das heißersehnte Spielzeug. Ja, auch ein Buch oder Spielzeug darf durch mehrere Kinderhände gewandert sein. Was dem einen nicht mehr gefällt, kann für den anderen ein wahrer Schatz sein. Damit sparen wir nicht nur Ressourcen bei der Herstellung von neuer Ware, sondern vermeiden auch Müll.

Natürlich überkommt es mich manchmal dennoch, und ich bestelle mir ein neues Teil für meinen Kleiderschrank und erfreue mich ohne schlechtes Gewissen daran. Wichtig ist vor allem, dass sich mein Bewusstsein verändert hat. Ich überlege vor dem Konsum, ob ich das Stück wirklich brauche und ob es eine Alternative gibt. Kann ich vielleicht auch verzichten? Im Haushalt habe ich kleine Änderungen eingeführt, die mir nicht weh tun, keine Zeit oder Geld kosten, aber dem Umweltschutz dienen. Und dieses Bewusstsein hege und pflege ich und gebe es weiter, pflanze es in die Köpfe meiner Kinder. Denn Kinder lieben die Natur. Kinder wollen sie nicht zerstören. Unseren Kindern eine Zukunft zu ermöglichen, ist unsere Hauptaufgabe. Jeder geht diesen Weg auf seine Weise, ob in einer Selbstversorgerkommune oder indem er im Alltag bewusster mit Gütern umgeht, Müll vermeidet, sich aufs Fahrrad schwingt, statt das Auto zu nehmen – aber wir gehen alle in die gleiche Richtung. Und ja, dafür haben wir alle ein bisschen Applaus verdient. Nur stehen bleiben und die Augen vor dieser großen Aufgabe verschließen, das gilt nicht.

PENIS!

«Wir müssen reden!» – Ein Satz, der Angst und Schrecken verbreitet. Denn jeder weiß doch, dass auf diese Einleitung nie etwas Gutes folgt. Ich weiß das seit meinem fünfzehnten Lebensjahr. Damals war ich verliebt in einen Jungen, in den ich nach «Wir müssen reden» nicht mehr verliebt sein sollte. Gegen meinen Willen. «Wir müssen reden» leitet Scheidungen ein, Kündigungen und die Diagnose potenziell tödlicher Krankheiten. «Wir müssen reden» ist das Tor zur Hölle. «Wir müssen reden» ist Donald Trump. Und trotzdem werde ich das Gespräch mit diesen Worten einleiten. DAS Gespräch. «Wir müssen reden.»

«Mama, wie bin ich eigentlich aus deinem Bauch rausgekommen?» Innerlich machte ich in diesem Moment die Becker-Faust. «Juhuuu, juhuuuuuuuuu, das Kind will wissen, wie es RAUSgekommen ist.» Das ist einfach. Das schaffe ich. «Durch meine Scheide, Kind, ich habe dich aus meiner Scheide gepresst. Das ist der Babyausgang. Manchmal ist der Babyausgang auch der Bauch. Aber da muss die Ärztin mit einem kleinen Messer nachhelfen. Mein Bauch blieb damals zu. Du hast den unteren Ausgang benutzt. Danke dafür.» Hätte ich dem damals zweijährigen Kind gesagt, es sei mir aus den Ohren gesprungen oder durch die Nasenlöcher herausgetropft, es hätte nicht beeindruckter sein können. Fortan erzählte es jedem, ob Fremder oder Freund, dass es als Baby durch Mamas Scheide gerutscht war. Und nicht nur das, es fragte auch jeden, ob er auch aus einer Scheide gekommen sei oder den Bauchausgang genommen habe. Zugegeben, manchen war es peinlich, diese Frage zu beantworten, aber der Knirps blieb in seiner unschuldigen Neugier penetrant, und irgendwann nuschelte auch der letzte DHL-Bote ein verschämtes «Scheide». Überhaupt hatte das Wort Scheide zu dieser Zeit bei uns Konjunktur. Scheide, Scheide, Scheide. Welch eine Freude. Ich musste alle Menschen aufzählen, von denen ich sicher wusste, dass sie eine Scheide hatten («Mama wirklich? DIE auch?»), und sämtliche Scheidenfunktionen erklären. Ich entschied mich damals vorerst für zwei von Hunderten: Kinder gebären und Pipi machen. ALTER! Da fing der Spaß überhaupt erst an. «Pipi kommt da auch noch raus? Zusammen mit den Babys? DU HAST MICH RAUSGEPINKELT? Hahahahahaaaaa.» Lachanfälle von früh bis spät.

Es dauerte Wochen, bis sich die Untenrum-Hysterie etwas gelegt hatte und der DHL-Bote wieder so weit war, die Päckchen nicht mehr aus dem fahrenden Lieferwagen zu schmeißen, um im Anschluss mit quietschenden Reifen davonzubrausen. Aber irgendwann war alles wieder beim Alten, und Dinosaurier waren wieder interessanter als weibliche Körperöffnungen und deren Funktionen. Wir kehrten scheinbar zum Alltag zurück.

Ja, scheinbar. Kennen Sie den Moment in Gruselfilmen, wenn plötzlich die Musik ganz unheimlich wird und die Blondine unbefangen verkündet, dass sie mal kurz alleine auf den Tierfriedhof muss? Dann ist klar: Gleich geschieht etwas Schlimmes. So ging es mir in den Post-Scheiden-Monaten. Ich wusste, es würde passieren. Ich wusste nur nicht, wann. Ich war immer in Habachtstellung. Also, immer dann, wenn ich wach war. Was morgens um halb fünf eher selten der Fall ist. «Mama, Maaaaamaaaaa, wach auf! Wie bin ich eigentlich in deinen Bauch reingekommen?» Da stand der kleine Scheidenfreund mitten in der Nacht mit fragendem Blick an meinem Bett, im Schlepptau die große Schwester, deren Neugier offenbar auch geweckt war. «Hast du mich verschluckt, Mama?» Eben nicht, wollte ich schon antworten, entschied dann aber, dass morgens um halb fünf nicht die rechte Uhrzeit für derartige Gespräche war – und der Einstieg außerdem zu keiner Tages- oder Nachtzeit geeignet. Ich bat also um Fristverlängerung und setzte den Termin für die Besprechung auf den Nachmittag des anbrechenden Tages.

Wir müssen reden! Ja, wir, Sie und ich. Tja, reingelegt. Sie dachten bestimmt, die «Wir müssen reden»-Sache würde sich um meine Kinder drehen. Sie dachten, Sie könnten sich entspannt zurücklehnen und über meine peinlichen Versuche, die Kinder aufzuklären, schmunzeln. Pech gehabt! KINDER AUFKLÄREN MUSS NÄMLICH NICHT PEINLICH SEIN! Zugegeben, Antworten auf Fortpflanzungsfragen schüttelt man nicht einfach so aus dem Ärmel, und es gilt abzuwägen, in welchem Alter man Kinder wie detailliert informieren möchte, aber peinlich muss uns, also Ihnen und mir, dieses Gespräch wirklich nicht sein.

Ich war ein wenig aufgeregt, ich wollte alles richtig machen, die Kinder nicht verwirren oder verunsichern und ihnen das Gefühl geben, mit ihren Fragen an der richtigen Adresse zu sein. Tatsächlich ist mir das gelungen. Wir hatten ein schönes Gespräch. Es wurde gestaunt, gelacht, und die Kinder zogen das Fazit Igitt – völlig okay in ihrem Alter. Ein Gespräch reicht natürlich nicht, um Kinder aufzuklären. Aufklärung findet immer statt, manchmal ganz nebenbei. Ich sehe das so: Wenn wir Sexualität verstehen wollen, müssen wir unseren eigenen Körper kennen. Das fängt schon auf dem Wickeltisch an. Benennen Sie die Körperteile des Kindes: «Das sind deine Füße, das ist dein Bauch, das ist dein Kopf, das ist deine Scheide / dein Penis.» Nennen wir die Dinge beim Namen, wozu den Unterschied machen? Sie müssen ja auch nicht über das Wort Nase kichern und eine Verniedlichungsform finden. Es ist wirklich nicht so schwer, Penis zu sagen. Penis, Penis, Penis. Das Kind spürt, wenn Sie schambehaftet sind. Das wird es nicht verstehen und womöglich dieses Körperteil, das erst mal den gleichen Stellenwert wie jedes andere hat, für anders halten. Ich weiß, dass es gar nicht so einfach ist, die Scham beiseitezuschieben. Viele von uns sind so aufgewachsen. Über das «Untenrum» wurden nicht viele Worte gemacht, höchstens hinter vorgehaltener Hand und mit viel Peinlichkeit. Aber diese Scham kann man überwinden. Üben Sie es! Sagen Sie Penis, Scheide, Vagina, Vulva, Hoden. Es wird leichter. Informieren Sie sich. Worin liegt der Unterschied zwischen Scheide und Vulva? Welche Funktion haben die einzelnen Organe? Wie spreche ich am besten mit meinem Kind? Je lockerer und befreiter Sie mit dem Thema umgehen, umso natürlicher wird das Thema Sexualität für Ihr Kind, umso besser fühlt es sich im eigenen Körper. Und das ist so wichtig. Kinder müssen lernen, dass der Körper ihr Zuhause ist. Dass jeder für sich über seinen Körper bestimmen darf. Und ich rede nicht davon, dass das Kind entscheiden darf, sich niemals die Zähne zu putzen. Vielmehr geht es darum, dass es lernt, seine Grenzen zu wahren. Die Nachbarin soll nicht immer durch die Haare wuscheln? Völlig in Ordnung. Dann darf und soll das Kind sich trauen, das zu sagen. Auch der Gutenachtkuss von Oma oder die Umarmung eines anderen Kindes muss nicht geduldet werden. Kuscheln ist super, aber bitte nur, wenn beide es wollen. Ich lebe das meinen Kindern auch so vor. Mein Sohn war zu meinem Leidwesen noch lange nach Beendigung der Stillzeit ein penetranter Busengrapscher. Sobald er einen Blick auf seine beiden alten Kumpels erhaschte, rannte er mit ausgestreckten Ärmchen auf mich zu – grapschbereit, jederzeit. Es war an mir, meine körperlichen Grenzen aufzuzeigen. Mir war die Grapscherei unangenehm, also habe ich das auch deutlich gemacht. Ebenso wenig wie Busengrapscher mag ich es, wenn man mir (jedes Mal) die Unterhose runterzieht, wenn ich am Waschbecken stehe und mir die Zähne putze. Klar, immer wieder großes Hihi und Haha bei meinen Kindern, aber eben nicht bei mir. Mein Po – meine Regeln. Auch das ist Aufklärung, gelebte Aufklärung: dem Kind klarzumachen, dass es immer nein sagen darf, ihm zu erklären, wie es entstanden ist, es das aber auch total eklig finden darf. Weil Sex etwas für Erwachsene ist. Erwachsene, die das beide wollen.

An dieser Stelle möchte ich noch einmal ausdrücklich darauf hinweisen, dass ich weder Erziehungsexpertin noch Sexualpädagogin bin. Sie finden bestimmt im Internet oder in Ihrem örtlichen Buchladen Hinweise, Informationen, Bücher mit geballter wissenschaftlicher Kompetenz. Mein mütterlicher Ratschlag an Sie lautet schlicht und ergreifend: Machen Sie sich locker und erzählen Sie keinen Bienen-und-Blumen-Quatsch. Ein Kind entsteht meist so: Der Penis muss in die Scheide. Der Samen muss in die Frau. Das ist nicht kompliziert. Das verstehen Kinder. Sie finden es möglicherweise seltsam und kringeln sich vor Lachen auf dem Boden, aber sie verstehen es. Klar, mit dem neu gewonnenen Wissen wird das Kind vielleicht VerkäuferInnen und NachbarInnen nach ihren Gewohnheiten in Sachen «Penis» und «Scheide» befragen, aber auch das geht vorüber. Kinder interessieren sich heute für Dinos, morgen für den Penis, und übermorgen ist nichts interessanter als der Bagger unten vorm Haus. Aber Sexualaufklärung wird in jedem Alter Teil der Erziehung bleiben. Weil Sex nun mal zum Leben gehört. Zum Glück!

PS: Ich habe übrigens eine gute Freundin, in deren Elternhaus einst aus Gründen, die heute keiner mehr nachvollziehen kann, anstatt Scheide «Katharina» gesagt wurde. Noch heute muss sie sich zusammenreißen, um nicht laut loszuprusten, wenn sich ihr eine Frau mit den Worten «Hallo, ich heiße Katharina» vorstellt. Und das kann ja auch keiner wollen.

DAS BISSCHEN HAUSHALT MACHT
DAS KIND ALLEIN

«Mama, warum putzt du?» – Wenn die Antwort die Frage stellt.

Ich weiß nicht, wie es Ihnen geht, aber seit ich Kinder habe, putze ich ununterbrochen. Dauernd. Jederzeit. Immerzu. Ich putze sogar, wenn ich schlafe: Ein Fuß steckt unter der Bettdecke, der andere poliert das Parkett. Na gut, ich übertreibe. Aber nur ein bisschen, denn gefühlt putze ich ständig. Dabei bin ich beileibe keine Sauberkeitsfanatikerin. Ich habe nur keine Lust, dass Ratten, Kakerlaken und wilde Waschbären unser Haus übernehmen. Ernsthaft, das ist ein realistisches Szenario. Meine Kinder arbeiten nämlich mit Leidenschaft daran, einen optimalen Lebensraum für Ungeziefer und Nager zu schaffen. Einen Ungeziefer- und Nagerlebens(t)raum sozusagen. (Sorry dafür!) Ihre Spezialität: sauberes Haus in dreckiges Haus verwandeln in weniger als drei Sekunden. Meine Kinder sind da Profis – ahnungslose Profis. Sie latschen mit ihren dreckigen Turnschuhen über Teppiche, laufen Kekse essend (und krümelnd) durchs Haus, sie verschütten Apfelsaftschorle auf Badezimmerfliesen. Dass Kinder Schmutz machen, ist für niemanden etwas Neues. Neu ist allerdings die supergute Idee, die ich eines Tages hatte. Halten Sie sich fest: Von nun an sollten die Kinder ihren Schmutz selbst beseitigen. Zumindest teilweise. Ja, die Kinder sollten im Haushalt helfen! Gute Idee, oder? Warum sollten wir Eltern denn alles alleine machen? Unsere Kinder sind schließlich keine Babys mehr. Tisch abräumen, Staubsaugen und das Zimmer aufräumen – das ist doch wohl das Mindeste. Eine Apfelsaftpfütze? Sollte ein Grundschulkind selbst aufwischen können, jawohl!

Ich berief eine Familienkonferenz ein. Das war meine neueste pädagogische Maßnahme. Habe ich mir selbst ausgedacht. Konferenz. Das klingt so schön ernst und feierlich. Damit unterstreiche ich von vornherein die Wichtigkeit meines Anliegens. Die Kinder hingegen vergessen immer wieder, was das Wort «Familienkonferenz» bedeutet, und denken, es handele sich um eine Einladung zum Essen, nehmen also liebend gerne daran teil, bis ihnen dämmert, dass es keine Pizza gibt, dafür aber neue Aufgaben. Dann ist das Gemotze groß: «Wir können das nicht. Wir wollen das nicht. Dafür haben wir doch euch.» Allein die nervige Stimmlage der Kinder, die sie sich extra für Bekundungen ihres Unwillens draufgeschafft haben, führt bei mir dazu, sofort alle pädagogischen Putzmaßnahmen einstellen zu wollen. In solchen Momenten gilt es, durchzuatmen und die Nervigkeit abperlen zu lassen wie das Putzmittel von einem Zwei-Phasen-Super-Wisch-und-Weg-Schwamm. Man kann ja schlecht eine Familienkonferenz einberufen, einen Gesetzesentwurf vorlegen und nach ein bisschen Motzerei sofort alles für gescheitert erklären. Wir sind hier ja nicht im Bundestag!

Das neue Putzgesetz wurde von dem Gesetzgeber (uns, den Eltern) trotz eisigen Gegenwindes aus dem Volk (die Kinder) durchgesetzt, und Artikel 1 – «Die Kinder staubsaugen einmal in der Woche die Wohnung.» – sollte schon am Folgetag zur Anwendung kommen. Da ich ungern viel Geld für Haushaltsartikel ausgebe, wiegt unser Staubsauger in etwa zehn Kilogramm, ist so laut wie ein Düsenjet und hat eine Stromkabellänge von unter einem Meter. Eine Kernaufgabe beim Staubsaugen ist es, das Gerät hinter sich herzuziehen, was den Kindern aufgrund des Gewichts der antiquierten Maschine leider nicht möglich war. Ich musste also von hinten anschieben. Außerdem musste ich anweisen und ermahnen: «Vergiss die Ecken nicht», «Den Boden saugen, nicht deine Schwester», «Vorsicht, das sind meine Ohrring ... MIST!» Für die Durchsage der jeweiligen Anweisungen und Ermahnungen musste ich jedes Mal den Staubsauger kurz ausschalten, da meine Stimme nicht gegen den Düsenjetlärm ankam. Der Vorgang wurde also praktisch sekündlich unterbrochen, was den Kindern die Gelegenheit gegeben hätte, schnell noch eine neue Steckdose zu suchen. Sie erinnern sich – das kurze Kabel. Weil ich einst jedoch eine sehr umsichtige Babymutter war, haben unsere Steckdosen Kindersicherungen. Und weil ich handwerklich völlig unbegabt bin, bekomme ich die Kindersicherungen nicht mehr aus den Dosen heraus. Es war den Kindern unmöglich, unsere Steckdosen zu benutzen. Auch das blieb also an mir hängen. Ich denke, die Problematik hat sich Ihnen erschlossen. Zwei Quadratmeter Boden von einem Nagetier-Biotop in eine begehbare Fläche zu verwandeln, kostete uns eine halbe Stunde. Wobei es mir persönlich egal gewesen wäre, wie lange es dauerte, hätte der vorherige Satz nicht das Wörtchen «wir» beinhaltet. WIR brauchten eine halbe Stunde. Ohne mich ging es ja leider nicht. Aus besagten Gründen. Ich war kurz davor, die Flinte ins Korn, äh, den Staubsauger in die Tonne, also, dann eben lieber ohne die Kinder *schnell* zu staubsaugen als mit den Kindern laaaaangsaaaaam. So schnell sollte mein Putzgesetz jedoch nicht scheitern. Noch war ich guten Mutes. Wenn Staubsaugen keine geeignete

Kinderaufgabe war, dann sollte sich doch eine andere finden lassen.

Was uns zu Artikel 2 des neuen Putzgesetzes führt: «Die Kinder decken den Tisch.» Sie denken vielleicht gerade darüber nach, welche Fallstricke das Eindecken eines Tisches haben könnte. Grübeln Sie nicht länger: Es hat keine. Weder ist unser Besteck zu schwer, noch ist es zu laut. Auch an die Steckdose müssen wir es (noch) nicht anschließen. Es funktioniert ohne Strom, ohne Kabel, ohne Akku, ohne alles. Nein, das Problem waren nicht unsere Küchenutensilien, es waren die Kinder. Sobald ich sie dazu anhielt, sich gemäß dem neuen Putzgesetz zu verhalten, schalteten sie von 100 (Aktivitätsmodus) auf 0 (Ruhezustand) herunter. Falls sie sich überhaupt aufrafften, bewegten sie sich in Zeitlupe durch die Wohnung. Während ich also kurz vor dem Verhungern stand, musste ich mit ansehen, wie die Kinder für den Gang von der Besteckschublade bis zum Tisch in etwa zehn Stunden brauchten, weil sie zwischendrin noch einmal kurz in einem Buch blätterten, ein paar Worte mit ihrem Lieblingskuscheltier wechselten, «nur kurz» noch mal in ihrem Zimmer etwas holen mussten, bis sie irgendwann am Tisch anlangten. Ohne Gabel. Die lag inzwischen auf dem Bett im Kinderzimmer. Sehen Sie es mir nach, aber wenn ich Hunger habe, ist es um meine Geduld nicht sonderlich gut bestellt. Meine Rolle in der mittäglichen Vorführung: die der richterlichen Gewalt. In dieser Rolle meckerte und nörgelte ich die Kinder an, sie möchten endlich den Tisch decken, und zwar dalli, dalli, hoppi, hoppi. Meine Drängelei führte bei den Kindern leider nicht zu mehr Aktivität, sondern im Gegenteil zur Verstärkung ihrer Unlust bis hin zum Generalstreik, sodass ich am Schluss den Tisch doch wieder selbst deckte. Nicht weil ich inkonsequent gewesen wäre, nein, es war purer Überlebenswille, der mich antrieb.

Artikel 3 – «Die Kinder helfen einmal in der Woche beim Bügeln ihrer Wäsche» – entfällt aus naheliegenden Gründen (Brandwunden, Brandblasen ...), ebenso der übereifrig eingeführte Artikel 4: «Die Kinder zeichnen für das Putzen der Dachfenster verantwortlich.»

Kommen wir zu Artikel 5: «Die Kinder übernehmen Verantwortung beim Zubereiten der Mittagsmahlzeiten.» Keine Panik, natürlich müssen meine Kinder nicht alleine kochen, aber sie sollen helfen. Ich war arglos. Was sollte schon schiefgehen? Spoiler: einfach alles. Den Kindern war es nicht möglich, das Gemüse anzufassen. Gemüse: eklig! Möglicherweise sogar giftig! Rohes Gulasch: schlabbrig! Riecht komisch! Sahne: glitschig! Ups, runtergefallen. Salz und Zucker: völlig identisch. Topf: heiß, heiß, heiß, wo-ist-die-verdammte-Brandsalbe-heiß.

Mein Fazit zum Thema Kochen: Zum Glück ist die Pizzeria gleich um die Ecke. Ach, und brennendes Öl bitte niemals mit Wasser löschen.

Die Kinder in den Haushalt einzubinden, stellte sich im Ergebnis als unerfreulich heraus. Dennoch war Aufgeben keine Option, schließlich sollen aus meinen Kindern irgendwann selbständige Erwachsene werden. Sie müssen lernen, Verantwortung zu tragen, und können nicht ewig von mir erwarten, dass ich ihre Scherbenhaufen wegkehre, darauf habe ich auch wirklich keine Lust. Ich habe allerdings einen Gang zurückgeschaltet und meine enthusiastische Gesetzgebung einer Revision unterzogen. Die Kinder sind jetzt vorerst nur für die Ordnung in ihren Zimmern zuständig. Das oberste Ziel und Artikel 1 des nachgebesserten Putzgesetzes: «Weder Kakerlaken noch Ratten sollen die Herrschaft übernehmen, die Anzahl der Waschbären pro Zimmer muss auf zwei beschränkt bleiben. Falls es dennoch zu Waschbärennachwuchs kommt, behält sich der Gesetzgeber (ich) die alleinigen Kuschelrechte vor.»

Nachsatz zum Putzgesetz: «Das Mithelfen im Haushalt darf und soll von den im Haushalt lebenden Kindern eingefordert werden. Nicht unter das Putzgesetz fällt hingegen der Partner. Der Partner soll im Haushalt nicht ‹mithelfen›. Ihm obliegen die gleichen Rechte und Pflichten wie Ihnen.» Ernsthaft: Kein Satz sorgt so zuverlässig dafür, dass sich mir die Nackenhaare aufstellen wie die Frage: «Hilft dein Mann dir denn im Haushalt?» Meine wütende Antwort: NEIN! Er hilft mir nicht! Weil das bedeuten würde, dass der Haushalt ausschließlich in meiner Verantwortung liegt. Aber so läuft das bei uns nicht. Schließlich sind wir zwei gleichwertige Partner, die beide in der Lage sind, einen Staubsauger zu bedienen und die Waschmaschine zu befüllen. Lassen Sie sich da bloß nichts anderes einreden!

LOVE, LOVE, LOVE

GISELAS SOHN

«... und außerdem werden Ihre Kinder in diesem Schuljahr fünf Klassenarbeiten im Fach Deutsch und fünf Klassenarbeiten in Mathematik schreiben. Zudem wird es einige unangekündigte Tests geben.»

Es war der erste Elternabend der zweiten Klasse, und ein Raunen ging durch die Menge der anwesenden Eltern – ein erschrockenes Raunen. Was hatte die Lehrerin da eben gesagt? Klassenarbeiten? Zehn Klassenarbeiten? Und dazu noch Tests? Das Raunen schlug in Empörung um: «Unsere Kinder sind doch noch viel zu klein dafür.» – «Muss das denn sein?» – «Ist es nicht viel zu früh für Klassenarbeiten?» – «Immer dieser Druck, immer dieser Stress!» Die Lehrerin blieb ruhig, sie lächelte, sie kannte sich aus mit raunenden Eltern. Dann sagte sie: «Haben Sie keine Angst. Ihre Kinder schaffen das!» Hier und da flogen noch einige besorgte Blicke hin und her. Dann erstarb das Raunen. Die Lage entspannte sich.

Was an diesem Abend in dem stickigen Grundschulzimmer mit den selbstgemalten Bildern an der Wand und den viel zu kleinen Stühlen geschehen war, beschäftigte mich danach noch einige Tage. Woher dieser plötzliche Aufruhr? Auch ich hatte mich von der Stimmung anstecken lassen. Vielleicht, ganz vielleicht, war ich sogar die lauteste unter den Raunenden gewesen. Was ich gespürt hatte, war Angst, da lag die Lehrerin ganz richtig. Mein Beschützerinstinkt war angesprungen, und die innere Löwenmutter hatte ihre Krallen ausgefahren: «Auf sie mit Gebrüll!» Ich konnte mich an dem Abend in der Tat nur mit Mühe und Not zurückhalten, mich auf die Lehrerin zu stürzen und sie niederzuringen. Die sollte mein unschuldiges, kleines Mädchen mit ihren Prüfungen und Tests mal schön in Ruhe lassen. Meinem Kind würde die nicht die Unbeschwertheit nehmen. Das sollte nämlich Gänseblümchen pflücken und sorgenfrei über Wiesen und Felder springen. Vielleicht noch mit Katzenbabys spielen, sobald ich deren Tollwutimpfstatus überprüft hätte. Mehr wollte ich meinem Baby nicht zumuten. Das Leben ist kein Ponyhof? Für mein Schulkind aber bitte schon!

Ich sah dann davon ab, die Lehrerin aufzumischen. Ich gebe zu, in erster Linie ging es mir darum, eine Haftstrafe zu vermeiden. (Pro Haft: Ich hätte meine Ruhe. Contra Haft: Ich müsste diese grässlichen, gestreiften Gefängnisklamotten tragen.) Aber ihre Worte gingen nicht spurlos an mir vorbei und machten mich nachdenklich. Nachdenken ist übrigens generell eine gute Sache, bevor man sich zu unüberlegten Handlungen hinreißen lässt. «Ihre Kinder schaffen das», hatte die Lehrerin gesagt. «Haben Sie Vertrauen in Ihre Kinder, sie sind bereit», sollte das heißen. Mit ihrer Zuversicht nahm sie meiner Angst und meinen Sorgen den Wind aus den Segeln. Vorerst.

Denn als die erste Klassenarbeit meiner Tochter kurz bevorstand, spürte ich sie wieder – diese innere Unruhe. Mathematik. Ausgerechnet. Hilfe! In Mathe hatte ich immer Probleme. Ich wollte mein Kind vor der bösen Mathematik beschützen. Mit ihren Zahlen und Körpern, ihren Flächen und Kurven. Vor dem «Ich kapiere das nicht» und dem «WTF?». So sollte sie sich nicht fühlen müssen. Am liebsten hätte ich mein Kind zurück in meinen Bauch bugsiert, wo es sicher versteckt wäre vor der erbarmungslos tickenden Uhr und dem Aufgabenblatt voller Unverständlichkeiten. Ich hatte furchtbare Angst. Und da lag der Hund begraben. Bei MIR lag er begraben, hatte er es sich gemütlich gemacht, der Hund. Böser Hund. Husch, husch weg mit dir! Ich war doch tatsächlich drauf und dran gewesen, dem Kind meine Ängste überzustülpen. Ganz offenbar war ICH nicht bereit, eine Mathematikarbeit zu schreiben, meine Tochter hingegen war es voll und ganz. Nicht nur war sie tiefenentspannt, nein, sie freute sich sogar auf die Klassenarbeit. Endlich war es so weit. Endlich würde sie ein richtiges Schulkind sein. Mit Noten und Tests und allem Drum und Dran. Die anstehende Klassenarbeit war eine Herausforderung für sie, ein Abenteuer. Und ich war kurz davor gewesen, ihr das zu vermasseln. Weil ich vor lauter Angst nicht gesehen hatte, dass mein Kind bereit war für die Welt und die Prüfungen, die sie für uns bereithält. Mehr noch, fast hätte ich nicht bemerkt, dass sie sich darauf freute. Sie wollte zeigen, was sie kann. Sie wollte etwas erleben.

Und das tat sie dann auch. Sie schrieb ihre Mathearbeit mit einem «lustigen Kribbeln im Bauch» und voller Stolz. Und sie wuchs daran. Innerlich. So sind Kinder nämlich, die haben richtig Bock aufs Leben, die wollen Abenteuer und Herausforderungen. Die wollen keinen Stillstand, die streben nach vorne. Jedes Kind in einer anderen Geschwindigkeit, aber alle in dieselbe Richtung – wenn wir sie lassen. Und das ist manchmal gar nicht so einfach. Zumindest für mich ist es das nicht. Ich bin nämlich ein Schisser. Ich habe ständig Angst um oder sogar stellvertretend für mein Kind. Und das ist wirklich und wahrhaftig nicht gut, echt nicht. Denn Kinder, die nichts dürfen und nichts müssen, die können dann irgendwann auch nichts. Wie Giselas Sohn. Giselas Sohn? Wie komme ich denn jetzt auf den? Lassen Sie mich Ihnen eine Geschichte erzählen …

Kürzlich führte ich ein berufliches Telefonat mit einer höflichen älteren Dame namens Gisela. Sie rief nicht um ihretwillen an. Nein, es ging um ihren Sohn. Ihren erwachsenen Sohn. Ihren Sohn, der selbst schon Vater eines Jungen war. Ihren Sohn, der leider Probleme hatte. Probleme, die sie für ihn lösen wollte. Es war alles nicht seine Schuld. Natürlich. Die Welt war gegen ihn. Kennt man ja. Die Welt ist ja ständig gegen irgendwelche armen Menschen. Pickt sich einfach welche raus und ist dann gegen die. Eine Schande. Shame on you, Welt!

Das Gespräch dauerte ungefähr eine Viertelstunde, und mit jeder Minute, die es andauerte, verdoppelte sich meine Wut. Aber nun gut. Job ist Job, und leider stand es mir nicht zu, der Dame meine Meinung zu geigen. Zum Glück habe ich ja Sie. Ihnen kann ich alles sagen. Und bei Ihnen kann ich mir diese Mutti mal so richtig vorknöpfen:

«Mutti, wir haben miteinander telefoniert. Erinnern Sie sich? Ich war die freundliche Dame, die nur manchmal so komisch geschnauft hat. Das war Wut, Gisela, Wut! Ich darf Sie doch Gisela nennen, oder? Danke. Gisela, so kann es nicht weitergehen. DU MUSST SOFORT AUFHÖREN, DEINEM ERWACHSENEN SOHN

DEN ARSCH ZU RETTEN! Ich weiß, du liebst ihn. Auch ich habe einen Sohn. Und Mutterliebe ist voll mein Ding. Ich verstehe den Drang, dem Kind zu helfen. Alles für das Kind zu tun. Das Kind zu beschützen. Vor der Welt, der ungerechten. ABER, und jetzt pass gut auf, Gisela: DEIN SOHN IST ERWACHSEN! Lass das sein. Er ist ein Mann. Er hat Haare am ganzen Körper und riecht morgens unangenehm. Er hat riesige Füße und Haarausfall. Seine Stimme ist tief und sein Bart stachelig. Dein Baby, Gisela, ist kein Baby mehr. Es ist völlig unangemessen, dass du in seinem Namen fremde (genervt schnaufende) Frauen anrufst. Er muss das alleine machen. ER, nicht DU! Wie bitte? Er kann das nicht, sagst du? Wahrscheinlich denkt er das wirklich. Er musste ja auch nie. Und das ist scheiße, Gisela. Denn du wirst nicht immer da sein. Du kannst ihm nicht alles abnehmen. Du hättest ihm erlauben müssen, erwachsen zu werden. Du hättest ihm Dinge zutrauen, ihm vertrauen müssen. Schon vor vielen Jahren.»

Ich war wirklich ganz schön sauer auf Gisela, vielleicht auch, weil ich mich ertappt fühlte. Es fühlte sich an, als hätte ich mich selbst aus der Zukunft angerufen. Einer Zukunft, in der ich es nicht geschafft hätte, meine Ängste in den Griff zu bekommen. Wenn ich meinen Kindern nicht erlauben würde, an den Herausforderungen dieses Lebens zu wachsen, ihnen nichts zutraute, würde Stillstand eintreten. Wir müssen es zulassen, dass sich unsere Kinder entwickeln. Wir können die böse, böse Welt nicht ändern, aber wir können unsere Kinder auf die Welt vorbereiten. Indem wir sie stärken, sie zu selbstbewussten und eigenständigen Erwachsenen werden lassen und unsere Ängste über Bord werfen. Ich will das schaffen, und Sie können das auch. Haben Sie Vertrauen in Ihre Kinder. Werden Sie keine Gisela!

MÄNGELEXEMPLAR
MUTTERHERZ!?

Morgens um acht im Auto vor der Grundschule sitzen und das eigene wunde Herz beweinen – auch das ist Mutterschaft. Ich hatte meine Tochter zur Schule gebracht, und kaum war ich um die Ecke, hörte ich panische Schreie: «MAMA, MAMAAA, MAMAAAAA!» Mein Kind rannte mir nach, es klammerte sich an mich wie an eine Rettungsboje und weinte verzweifelt. «Verlass mich nicht.» Zack, Sprung im Herzen. Aua. Nur mit der Hilfe anderer Mütter und der netten Lehrerin konnte ich sie dazu bewegen, in die Schule zu gehen, gegen meinen Wunsch und Willen. Eigentlich wollte ich sie halten und nicht mehr loslassen, sie trösten, bis die Angst vorüber gewesen wäre. Sie eben nicht VERLASSEN. Ich weiß natürlich, dass ich das nicht tue, dass ich wiederkomme, dass es ihr gutgehen wird und auch, dass mit der Schulpflicht nicht zu spaßen ist, aber mein Herz ...

Mütterherzen sind von besonderer Beschaffenheit.

Sie haben ihren eigenen Rhythmus, richten sich nicht nach Sinn und Verstand. Fragil sind sie, anfälliger für Kratzer als das Display des neuesten iPhones und dabei riesengroß und äußerst schmerzempfindlich. Schon ein kleiner Pikser, von dem sich ein Organ wie die Leber nicht würde aus der Ruhe bringen lassen, fügt dem Mutterherzen furchtbare Schmerzen zu. Noch dazu besteht eine direkte Verbindung vom Mutterherzen zu den mütterlichen Tränendrüsen. Kaum zuckt das Herz, brechen die Dämme. (Hersteller wasserfester Wimperntusche lieben diesen Effekt.)

Im Jahr 1974, als ich noch lange, lange, lange nicht auf der Welt war, veröffentlichte die schottische Band *Nazareth* einen Song. Die ersten Zeilen lauten:

Love hurts
Love scars
Love wounds and marks

Liebe tut weh. Da mussten wir alle schon durch. Aber seit ich Mutter bin, weiß ich auch: Mutterliebe tut mehr weh. Mutterliebe ist groß und unendlich. Sie hält für immer. Wirklich für immer. Nicht auf die Wir-sind-siebzehn-Jahre-alt-kennen-uns-seit-drei-Wochen-und-werden-uns-für-immer-lieben-Art. Das ist das Beste, das ist das Schlimmste an dieser Liebe. Der Schmerz, den unsere Kinder erleiden, trifft auch uns mit voller Wucht. Wir spüren ihre Angst, ihre Trauer, ihre Sorgen. Kindergefühle kommen ohne Filter, ohne Puffer und Airbag direkt im Mutterherzen an. Es gibt keine Luftpolsterfolie, keinen Aufkleber: Achtung, Bruchgefahr! Do not drop! Fragile! Handle with care! Ständig splittert und springt etwas.

Mutterliebe hat mich verändert: Sie hat aus einer toughen Frau eine sentimentale Heulsuse gemacht, die auf einem Elternabend im Kindergarten vor allen anderen in Tränen ausbricht, weil die Lieblingserzieherin des Kindes ihren Abschied verkündet. Der zu erwartende Kinderschmerz bahnte sich ohne Vorwarnung einen Weg aus meinen Augen. Dabei ist Weinen in der Öffentlichkeit meine Sache nicht, dieser öffentliche Kontrollverlust ist mir genauso unangenehm wie öffentliches Nacktsein. Beides fühlt sich ähnlich an, ob nackte Brüste oder nacktes Herz.

Mutterschaft ist hart, das weiß jeder. Sie ist hart wegen der schlaflosen Nächte und der vielen Schmutzwäsche und der unablässigen Alles-unter-einen-Hut-Bringerei. Was aber viele gar nicht sehen, ist die emotionale Arbeit, die eine Mutter täglich leistet. Das Herz einer Mutter ist ständig in Aufruhr. Das ist wahnsinnig anstrengend, und das Herz, es gönnt einer Mutter keine Pause. 24/7, 365 Tage im Jahr, immer im Dienst:

Bumm, bumm. Bumm, bumm. Jeder Schlag auch ein Schlag für das Kind – emotionale Mehrfachbelastung, manchmal emotionale Überbelastung.

Ja, Love hurts. Aber Love ist immer noch das Beste, was einem passieren kann. Weil die ganze Love-hurts-Love-scars-Love-wounds-and-marks-Sache nur eine Seite der Medaille ist. Liebe macht das Leben lebenswert, Liebe ist wertvoll, Liebe tut gut, Liebe ist das beste Gefühl der Welt. Für die Liebe lohnt es sich. Alles. Dreckige Wäsche und Augenringe. Sorgen und Ängste. Tränen an Elternabenden. Ja, ein Mutterherz nimmt großen Schaden, aber es hält auch einiges aus. Es mag zwar nur die Ausmaße einer menschlichen Faust haben, aber hinein passt unendlich viel Liebe. Und das für eine unendliche Anzahl an Kindern. Ob selbst geboren oder angenommen. Da macht das Mutterherz keinen Unterschied. Wer einmal in die große feste Umarmung der Mutterliebe gerät, kommt da nicht mehr raus. Und das für immer. Mütterherzen splittern zwar gerne, aber sie brechen nie. Und das macht sie zu den absoluten Superstars unter den Organen.

ALLEIN, ALLEIN

Wir waren vor kurzem im Urlaub. Und mit «wir» sind in diesem besonderen Fall ausschließlich mein Mann und ich gemeint, was diese auf den ersten Blick unbedeutende Randnotiz zum Großereignis macht. Zumindest für uns. Seit beinahe acht Jahren waren wir nicht mehr zu zweit im Urlaub. Selbst unser letzter gemeinsamer Urlaub vor der Elternschaft kann nicht mehr als Paarurlaub gewertet werden. Unsere Tochter war nämlich dabei. Irgendwie. Groß wie ein Gummibärchen hockte sie in meiner Gebärmutter und verstand es ausgezeichnet, sich bemerkbar zu machen, indem sie dafür sorgte, dass Mama häufiger mit der Kloschüssel kuschelte als mit Papa. Indem sie Mama davon abhielt, das Buffet in sich hineinzuschaufeln, und stattdessen den Koch um eine klare Brühe bat. Indem aus Champagner Apfelschorle und aus Städtetrip Bettruhe wurde. Indem sie uns sehr glücklich, aber auch sehr schlecht gelaunt die Stimmung verhagelte. (Schwangere kennen diesen Gemütszustand aus einem Mix von scheinbar nicht miteinander zu vereinbarenden Gefühlen sehr gut.)

Jahre später fanden der Mann und ich uns also plötzlich in London wieder – zu zweit. Nur wir beide. Was geht man als Paar zuerst an, wenn die Kinder nicht dabei sind? Sex, Drugs, Rock'n'Roll? Alles gut und schön; was wir mehr wollten als alles andere, war: essen gehen. (Was haben Sie erwartet? Wir sind vierzig!) Essen gehen in einem Restaurant. Einem Restaurant, in dem die Kinder jegliches Speiseangebot gehasst hätten. Einem indischen Restaurant. Einem indischen Restaurant ohne Kinderkarte. Ohne Tischdecke, die angemalt werden durfte. Ohne Hochstühle und Bällebad. Nur scharfes Essen, wir beide und gediegene Stille. Und irgendwann dann komische Stille. Worüber unterhält man sich noch mal unter Erwachsenen, wenn man keine Rücksicht auf neugierige Kinderohren nehmen oder aus Kinderschutzgründen ganze Gesprächsteile ins Englische übertragen muss? «Did you hear it? In the neigbourhood was an inbreak – wie heißt denn das auf Englisch? Robbery? Do you understand me? Jedenfalls bad story. Bad, bad story.» (Sorry for my English, aber wie gesagt, wir sind vierzig. Die Schulzeit liegt schon weit zurück.) Wir saßen in einem indischen Restaurant in England, und endlich konnten wir wieder Deutsch sprechen (außer mit dem Kellner), aber wir wussten nicht so richtig, worüber. «Tolles Essen, oder?» – «Bist du auch so müde von der Reise?» – «Wie es wohl den Kindern geht?» Und da waren sie wieder, an unserem Tisch im Restaurant: die Kinder. Die Kinder, die wir bewusst nicht mitgenommen hatten, um endlich über all die Themen zu sprechen, die wir uns zu Hause so mühsam verkniffen hatten. Einmal nicht über Hausaufgaben, Geschwisterstreitereien oder Magen-Darm-Grippe reden, einmal nicht über Elternsprechtage und Erziehungsmaßnahmen diskutieren. Hatten wir es verlernt? Verlernt, über etwas anderes als unsere Kinder zu sprechen? Just in dem Moment, als die komische Stille drohte in ein verdrießliches Schweigen umzuschlagen, entschlossen sich draußen vor der Fensterfront des Restaurants ein paar Kerle, eine Schlägerei anzuzetteln. Der Abend war gerettet. Wir kommentierten, wir feuerten an, wir wetteten auf den möglichen Gewinner und waren voll im Flow. Im Gesprächsflow. Der Abend wurde dann noch richtig schön, der Straßenkampf forderte keine nennenswerten Opfer, und irgendwann lagen wir satt und glücklich in unserem Hotelbett, wo mein Mann sehr bald in seligen Schlaf fiel. Ganz im Gegensatz zu mir. Irgendetwas stimmte nicht. Irgendetwas fühlte sich anders an. War die Matratze zu weich, zu hart, zu kratzig? War mir zu kalt oder zu warm? Durst, Pipi, Angst? Ich wälzte mich von einer auf die andere Seite, bis mir klarwurde, was das Problem war: Ich konnte mich wälzen. Hin und her. Ich hatte Platz. Das war es! Da waren keine Füße in Schuhgröße 30 in meinem Gesicht, da waren keine Händchen, die sich in meinen Haaren verfangen hatten, da war kein kleiner Körper, der alle viere von sich gestreckt auf mir lag. Wo war der Zwanzig-Kilo-Klops auf meinem Brustkorb? Ich konnte völlig unbeschwert atmen. Ich wusste gar nicht, wohin mit so viel Sauerstoff. Deswegen war ich wahrscheinlich auch so wach. Zu viel Luft. Juhu, Luft! Buhu, Luft! Ich vermisste die Füßchen und Händchen und Kilochen. Ich vermisste meine Kinder. Ob sie mich auch vermissten? Ob sie sich von mir verlassen fühlten? Ob sie Heimweh hatten? Was war ich bloß für eine Egoistin? Um mit meinem Mann Zeit zu verbringen, hatte ich meine armen Babys alleine gelassen – bei der heißgeliebten Tantenfamilie. Also völlig allein. Rabenmama! Ich würde die Kinder gleich morgen früh anrufen und fragen, ob wir umgehend nach Hause kommen sollten. Über Wolken. Über Wasser. Über Berge. Im Flugzeug einer Billig-Airline. In einem alten, klapprigen Modell. Mit einem Piloten, der möglicherweise betrunken wäre. Oder blind. Oder beides. O Gott, wir würden nie wieder nach Hause kommen! Wir würden irgendwo über den Alpen (Wo genau liegen noch mal die Alpen?) sterben und dann von den überlebenden

Mitreisenden aufgegessen werden. Man würde unseren armen, armen Kindern nicht einmal mehr unsere sterblichen Überreste bringen können. An einem leeren Grab müssten sie stehen, mit nichts als dem Wissen, dass ihre Eltern ohne sie Spaß haben wollten und nie wieder zurückkämen. Sie würden sich tapfer an den kleinen Händen halten auf dem steinigen Weg gen Waisenhaus, mit gesenkten Köpfen und gebrochenen Herzen. Und alles wegen einem romantischen Wochenende in London?! Was hatten wir uns nur dabei gedacht? Zur Musik dieser furchtbaren Gedanken fiel ich irgendwann in einen unruhigen Schlaf und träumte von Klageweibern, Waisenhäusern und meinem frostigen Sarg im ewigen Alpeneis.

Am nächsten Morgen schnappte ich mir das Handy und rief meine Kinder an. Meine Tochter kam ans Telefon. Ich fragte: «Mein Kind, wie geht es dir? Bist du traurig? Hast du Heimweh? Sollen wir nach Hause kommen?»

«Hallo, Mama. Wir waren gestern im Kino, und heute gehen wir ins Schwimmbad. Ihr könnt ruhig noch länger wegbleiben.»

«Oh, okay … wie schön. Gibst du mir bitte noch deinen Bruder?»

Gemurmel und Getuschel im Hintergrund.

«Der kann leider nicht ans Telefon kommen. Er hat

im Garten einen Regenwurm gefunden, und den muss er jetzt füttern. Tschüs, Mama.»

Tuut, tuut, tuut. Aufgelegt.

Mein Kind hatte aufgelegt. Mein glückliches Kind. Und mein anderes Kind, der fröhliche Regenwurmfreund, hatte gar nicht erst das Bedürfnis, mit mir zu sprechen. Meine Kinder nahmen unsere Reise völlig locker hin. Sie waren sich sicher, wir würden wiederkommen. Wenn sie so locker waren, vielleicht konnte ich das dann auch sein? Und wissen Sie was? Ich konnte. Und das war gut. So wunderbar gut. Ich schaffte es, Kraft zu tanken, auf andere Gedanken zu kommen, Erinnerungen mit meinem Mann zu sammeln. Als wir wieder in der Luft waren, freute ich mich. Über das, was war, die Tage der Zweisamkeit, über das großzügige Luft- und Platzangebot im Hotelbett und auch darauf, was kommen würde: meine Kinder, Füßchen im Gesicht, Händchen in den Haaren und kleine Körper auf der Brust.

So ist Elternschaft – ein unaufhörliches Ringen zwischen Festhalten und Loslassen. Ich freue mich, dass meine Kinder größer werden, selbständiger. Dass ich wieder mehr Zeit für mich habe. Ich möchte die Uhr nicht zurückdrehen. Meistens nicht. Es sei denn, jemand hält mir ein Neugeborenes unter die Nase, diese Wesen mit dem flauschigen Köpfchen, den niedlichen Füßen und dieser geballten Zauberhaftigkeit. Dann, ja dann schreit eine Stimme in mir «Awwwwwww», und es kommt mir so vor, als würde meine Gebärmutter aufgeregt anfangen, alles heimelig einzurichten. Eine andere Stimme jedoch (ich habe mehrere, fragen Sie nicht!) brüllt mich umgehend herrisch an: «Jetzt reiß dich mal zusammen. Denk an die schlaflosen Nächte, die Babykacke und diese frustrierende Kommunikationslosigkeit von Säuglingen.»

Alles hat seine Zeit. Und ich genieße die Zeit mit meinen größeren Kindern, die so oft noch so klitzeklein sind. Das Beste aus beiden Welten eben. Ich kann und ich muss sie jetzt häufiger loslassen, aber in meinem Herzen halte ich sie immer fest.

MAMALOG

#MUTTERGLÜCK

Kürzlich erreichte mich die Nachricht einer Leserin. Sie hatte vor wenigen Woche ein Baby bekommen – ihr erstes Kind. Sie schrieb mir, dass es ihr nicht gutging. Dass der Schlafmangel sie fertigmachte. Dass sie das viel besungene Mutterglück nicht spürte. Sie schämte sich deswegen, und sie wollte von mir wissen, ob ihre Gefühle in Ordnung seien. Sie sehnte sich nach einer Absolution. Meiner Absolution. Dafür, dass ihr das Mutterglück nicht ständig aus allen Poren quoll.

Die Worte dieser jungen Frau trafen mich direkt ins Herz. Ich konnte ihren Schmerz fast körperlich spüren, all das, was in ihrer Nachricht mitschwang, die Unsicherheit, die Angst, die Scham. Ich kannte das alles, und ich empfand Mitleid. Nicht weil ihr Mutterglück ausblieb. Vielmehr weil sie sich so sehr dafür schämte, *dass* es ausblieb. Sie war auf den Segen einer Fremden angewiesen, um sich so fühlen zu dürfen. Das Furchtbare daran war, dass sie glaubte, sie müsste vor Glück Purzelbäume schlagen, weil sie nun Mutter war. Und warum? Weil es das ist, was sie immer und überall zu sehen bekommt. Weil es das ist, was viele Mütter zeigen: Mutterglück, friedlich schlafende Babys, strahlend weiße Wäsche, entspannte Herbstspaziergänge mit der ganzen Familie, Haushalt tippitoppi, Beziehung 1a, Körper unverändert. Und die Mutter, die sich so nicht fühlt? Die unglücklich, müde und gestresst ist, trotz der großen Liebe, die sie für ihr Baby empfindet? Was denkt die, wenn sie das alles sieht? Dass mit ihr etwas nicht stimmen kann. Dass sie eine schlechte Mutter sein muss. Untauglich. Undankbar. Gefühllos. Wertlos.

Also antwortete ich der jungen Frau. Ich schrieb ihr, dass es absolut normal ist, so zu fühlen. Dass die Müdigkeit einen in den ersten Wochen völlig fertigmacht. Dass ich damals weinte, weil ich so furchtbar müde war. Weil ich seit Wochen nicht ein einziges Mal in Ruhe hatte duschen können und nicht eine Mahlzeit hatte beenden können, ohne zwischendurch zu stillen, zu trösten oder zu wickeln. Ich weinte, trotz und wegen der Liebe, der großen Liebe für dieses anstrengende kleine Wesen, für das ich verantwortlich war. Ich schrieb ihr und versuchte, ihr ein wenig von der Last zu nehmen. Ich bat sie, sich Unterstützung zu suchen. Niemand sollte alleine ein Neugeborenes versorgen müssen. Das ist kaum zu schaffen. Ich verwies sie an ihre Hebamme oder Ärztin, für den Fall, dass eine

Wochenbettdepression vorlag. Auch etwas, wofür sie sich nicht schämen müsste. Schätzungsweise acht bis zehn Prozent aller Frauen in Europa sind davon betroffen. Sich helfen zu lassen, zeugt von Stärke und Mut.

Der Austausch mit der Mutter ließ mich tagelang nicht los. Und irgendwann schlugen Trauer und Mitleid in Wut um. Ich ärgerte mich über dieses Mutterglück, das uns allen an jeder Ecke gezeigt wird. Ob auf dem Cover einer Zeitschrift oder im Internet: selig lächelnde Frauen mit friedlich-fröhlichen Babys im Arm.

Dabei findet jede Mutter ihren eigenen Weg. Ihr eigenes Mutterglück. Mal kommt es laut und mit voller Wucht, mal ganz leise und zögerlich. Ja, und manchmal kommt es gar nicht oder nur ab und an auf einen Sprung vorbei. Vielleicht steht es auch gerade einfach nur irgendwo im Stau und verspätet sich. Woran wir einander noch zu selten teilhaben lassen, das sind die Stimmungsschwankungen, das ist die Überforderung, die Angst, das sind die Schmerzen und die völlige Erschöpfung. Dabei sind diese Gefühle in den ersten Wochen nach der Geburt völlig normal. (Wenn ich es so bedenke, sind sie sogar, bis die Kinder erwachsen sind, völlig normal.) Aber darüber sprechen die wenigsten Mütter in der Öffentlichkeit, dazu gibt es keine Bilder und keine Hashtags. Nein, die Gesellschaft will eine glückliche Mutter. Die Gesellschaft fordert das Mutterglück – und zeichnet damit das Bild einer Mutter, das völlig überzogen und idealisiert ist. Und die Gesellschaft, das sind wir alle.

Es ist wichtig, in sich hineinzuhören, den eigenen Gefühlen zu trauen, sie anzunehmen. Und gnädig mit sich zu sein. Perfektion ist eine Illusion. Mutterschaft ist kein Wettbewerb, und Mütter sind auch keine Superhelden, wie es so oft heißt. Wir haben bei der Geburt unserer Kinder nicht die Plazenta gegen übernatürliche Kräfte eingetauscht. Wir sind Mütter und dabei ganz normale Menschen mit Schwächen und Stärken und mit Kräften, die nach einem langen Tag aufgebraucht sind. Manchmal auch schon mittags. Oder morgens.

Mein Appell an Sie alle: Seien Sie gut zu sich. Holen Sie sich Unterstützung, wenn Sie sie brauchen. Bieten Sie Hilfe an, wenn Sie Not sehen. Seien Sie solidarisch mit anderen Müttern. Und bilden Sie Banden – mit Nachbarinnen und Kolleginnen, mit Freundinnen oder den Frauen aus der Krabbelgruppe – im echten Leben, dem ungeschminkten, dem müden, dem genervten, dem anstrengenden. Um ein Kind großzuziehen, braucht es ein ganzes Dorf. Oder eben eine ganze Bande. Eine Mütterbande.

© Eva Häberle

MARLENE OTTENDÖRFER, geboren 1979, begeistert auf dem Blog Tollabea, auf Twitter und Instagram als *Marlene-Hellene* regelmäßig mit ihren Texten und Tweets. Sie lebt mit ihrer Familie in Karlsruhe. Ihr erstes Buch «Man bekommt ja so viel zurück. Leitfaden für verwirrte Mütter» ist 2018 bei Rowohlt erschienen.